“十二五”国家重点图书

经济学术译丛

当代制度分析前沿系列

社会契约演化论

国家出版基金项目

NATIONAL PUBLICATION FOUNTATION

[美] 布莱恩·史盖姆斯 (Brian Skyrms) 著

申海波　杨培雷　译

上海财经大学出版社

本书由上海文化发展基金会图书出版专项基金资助出版

图书在版编目(CIP)数据

社会契约演化论/(美)史盖姆斯(Skyrms,B.)著;申海波,杨培雷译.—上海:上海财经大学出版社,2012.4

(经济学术译丛·当代制度分析前沿系列)

书名原文:Evolution of the Social Contract

ISBN 978-7-5642-1300-8/F·1300

Ⅰ.①社… Ⅱ.①史… ②申… ③杨… Ⅲ.①社会契约-研究 Ⅳ.①F246

中国版本图书馆 CIP 数据核字(2012)第 015734 号

□责任编辑 许 旻

□封面设计 周卫民

□责任校对 林佳依

SHEHUI QIYUE YANHUALUN

社会契约演化论

[美] 布莱恩·史盖姆斯 (Brian Skyrms) 著

申海波 杨培雷 译

上海财经大学出版社出版发行

(上海市武东路 321 号乙 邮编 200434)

网 址:http://www.sufep.com

电子邮箱:webmaster @ sufep.com

全国新华书店经销

上海华教印刷厂印刷

上海春秋印刷厂装订

2012 年 4 月第 1 版 2012 年 4 月第 1 次印刷

890mm×1240mm 1/32 5.5 印张 147 千字

印数:0 001—4 000 定价:29.00 元

图字:09—2006—082号

Evolution of the Social Contract

Brian Skyrms

[illegible]

献给鲍林、米歇尔和盖博瑞

同一条船上的两个人协力划桨，他们之所以能够做到力量协同，遵从的是意思一致或称之为习惯，尽管他们从没有向对方承诺如何去做。这里，与其说存在着行为稳定性法则，不如说它是源自人的习惯。习惯是慢慢生成的，且在缓慢的演进中形成约束力……语言亦如此，语言基于人类的习惯而得以确立，与承诺毫不相干。

——大卫·休谟，《人性论》

“当代制度分析前沿系列”总序

林毅夫

这些年来我在各种场合经常讲中国经济现象是经济学研究的一个大金矿,研究中国的经济问题有可能产生一批世界级的经济学大师。我的信念源自经济理论的作用在于解释经济现象,其贡献的大小由所解释现象的重要性决定。在现代社会中,各国经济紧密相连,发生在世界经济中心的经济现象影响远大于发生在周边小国的现象。所以,自亚当·斯密出版《国富论》,经济学成为一门独立的社会科学以来,世界级的经济学家大多先后产生于作为世界经济中心的英国和美国。中国的经济规模很有可能在21世纪30年代超过美国,中国将有可能逐渐成为一个新的领导经济学思潮的国际中心。如果我的乐观预测是正确的,中国经济学界的第一个诺贝尔经济学奖获得者,最有可能是来自于从事制度经济学研究的经济学家。

从工业革命开始西方殖民强权兴起,亚、非纷纷继拉美之后沦为殖民地。20世纪初民族自决风起云涌,到了第二次世界大战之后,亚、非、拉被殖民国家终于迎来了民族解放,开始了独立建国后的追赶发达国家的努力。但是,除了东亚的日本和几条小龙外,世界上绝大多数发展中国家和地区不但没有赶上或缩小与发达国家的差距,而且,这个差距还不断在扩大,到2001年底,世界人口总数为61.3亿人,中低收入国家和地区的人口占了81.5%。怎样缩小,甚至赶上发达国家仍然是当今世界最大的经济问题之一。

根据Robert Solow在20世纪50年代提出的新古典增长理论，发达国家和发展中国家可以采用同样的技术来生产，发达国家资本较多，资本的报酬较低，那么，发展中国家会有比发达国家更高的资本积累，取得更快的经济增长，两者的人均收入差距应该逐渐缩小；然而，许多发展中国家经过三四十年的努力，并未取得预料中的快速增长。由于新古典增长理论不能解释发达国家和大多数发展中国家收入差距的持续扩大，Paul Romer和Rober Lucas在20世纪80年代提出了内生增长理论，认为一个国家的技术创新速度是由人力资本积累、研究和开发、"干中学"等因素内生决定的；发达国家在这些方面的投资多于发展中国家，因此，技术变迁较快，避免了资本的边际报酬递减，使发达国家经济保持持续增长，并且拉大了和发展中国家的收入差距。然而这个理论也有缺陷，韩国、中国台湾、中国香港特别行政区、新加坡以及后来加入的中国等亚洲新兴工业化经济，在20世纪最后30年间取得了超乎寻常的经济增长，赶上或大大缩小了和发达国家的差距，但是，这些国家或地区在追赶时期并未在内生增长理论所强调的因素上比发达国家有更多的投资。到了20世纪90年代末，以哈佛大学的Dani Rodrik、Andrei Shleifer和Daron Acemoglu等为首的一批经济学家，开始把眼光从资本积累和技术创新转移到制度问题上来，试图从市场的效率、政府干预、腐败的程度等制度因素来解释发展中国家发展绩效的差异。①

制度对经济发展的重要性从我国改革前后的经验可以得到印证。主流经济学家间对于市场和政府这两个最重要的制度应该如何发挥各自的作用的认识并没有多大分歧。以世界银行和国际货币基金组织等国际发展机构为主的经济学家，根据主流经济学的认识提出了"华盛顿

---

① 有关这方面的文献回顾请参见林毅夫和刘明兴为2003年5月21～22日在印度举行的第15届世界银行年度发展经济学会议所准备的论文《发展战略，自生能力和落后地区的发展挑战》。英文稿可从北京大学中国经济研究中心讨论稿网页下载。

共识”，并从20世纪80年代初起，以此共识来推动绝大多数发展中国家的经济改革。可是，根据世界银行的一位经济学家William Easterly的研究，1960～1979年间发展中国家人均国民生产总值的年均增长率为2.5%，进行了改革后的1980～1998年间增长率反而下降为0.0%。① 因此，Easterly将20世纪80年代和90年代称为“迷失的年代”。

“迷失的年代”的出现反映了经济学家虽然已经认识到了制度的重要性，但是对制度是怎么形成的，以及怎么作用于经济的了解远远不足。西方主流的经济学是以有效的市场制度为前提建立起来的，直到20世纪60年代以Ronald Coase、Douglass North、Armen Alchain、Harold Demsetz、Oliver Willimson、张五常等为代表的“新制度经济学派”出现以后，主流经济学家才越来越多地将制度作为一个内生变量来研究。然而，发达国家本身的制度已经相对成熟、稳定，少有值得研究的大的制度变迁。从发达国家和发展中国家的制度差异来研究，对于生活、工作在发达国家的经济学家来说，则又受到文化、历史知识的局限，不易把握问题的实质。所以，制度的研究，尤其是一个发展中国家的制度结构如何向一个现代化的市场经济制度体系演进的研究，是一个有待突破的重要领域。

我国从1949年新中国成立以来，经历了从落后的市场经济向计划经济转变、又从计划经济向完善的市场经济转型的经验，等于将发达国家需要几百年时间完成的制度变迁压缩在半个世纪里完成，而且，当中还增加了一个非市场经济制度的实验。这些大的制度变革脉络清晰，影响显著，资料易得，不仅可以用来检验现有制度经济学的前沿理论假说，而且，可以从中提炼出许多新的理论来解释制度的形成和发挥作用

① William Easterly. *The Lost Decades: Developing Countries' Stagnation in Spite of Policy Reform 1980—1998*. paper prepared for the Global Development Network meeting in Cairo, February 2001.

的机制。中国的经济学家在了解中国的社会经济现象上有“近水楼台先得月”的优势，研究这半个世纪以来中国社会经济变革的成败经验，既是关心中国未来命运的当代中国经济学人的使命，也是中国经济学家最有可能对当代经济学做出巨大贡献的领域。

1995 年我曾写了一篇“本土化、规范化、国际化”的文章祝贺《经济研究》创刊 40 周年，强调本土问题的研究，必须置于国际学术界对同一问题的研究中已经取得的成果的基础之上，才能了解自己的研究对知识增量的贡献在何处，同时也必须按国际学术界前沿的分析方法来表述，才能取得国际学术界公认的成果，对国际学术思潮的发展产生影响。这些原则在制度问题的研究上同样适用。

自 20 世纪 60 年代以来，当代西方经济学界的制度研究，除了以交易费用为分析工具的“新制度经济学派”外，还出现了以 Kenneth Arrow、Frank Hahn、Joseph Stiglitz 和 George Akerlof 等一批当代新古典主流经济学家，或使用一般均衡的分析方法，引进交易费用，或从信息的不对称、克服道德风险的角度来研究制度的作用和选择。这一派学者多是一些建立数理模型的高手，文章大多发表在世界顶尖的经济学期刊上。第三个流派是以博弈论，尤其是 90 年代中后期发展起来的演化博弈论为工具的制度分析，主要代表人物有 Ken Binmore、H. Peyton Young、Robert Sugden、Avner Greif 等。每一个特定的制度安排都是社会中人们共同接受的制约彼此互动行为的一套规范，它的变革又都是在一定的制度结构、发展阶段当中发生，所以，这一流派凭其分析工具之利，最有可能在制度研究上开拓出一片宽广的天地。

1987 年我从美国回国之前，为了了解经济改革的实质意义，曾经花了一段时间阅读新制度经济学和 Kenneth Arrow、Joseph Stiglitz 等新古典主流经济学家有关制度的论著，后来根据我的读书心得以及对政府在制度变革中作用的分析，写了一篇“An Economic Theory of Institutional Change: Induced Change and Imposed Change”，发表于

Cato Journal 上。中文译稿几经周折以“论制度和制度变迁”为名在国内发表。其后，制度分析成为国内经济学界的一个热门课题，国外的著作纷纷被译成中文，科斯、诺思成为国内经济学界耳熟能详的名字。不过到目前为止，引进到国内来的主要是“新制度经济学”的论著，对于新古典主流和博弈论这两个流派的制度分析文献，国内学术界仍然知之甚少。国内有丰富的制度分析的素材，国内年轻的本科生和研究生在数理工具的学习上有先天的优势。掌握这两个流派的研究成果，并以这两个流派的分析工具来从事国内丰富的制度变迁经验的研究，将会是我国经济学人进军国际经济学术殿堂的一条大道。

复旦大学经济学院的韦森(李维森)教授最近倡议翻译出版一套“当代制度分析前沿系列”，引进近几年西方几家著名出版社出版的博弈论和新古典主流制度分析的经典名著，以推动我国经济学界在制度经济学的研究和分析上再上一个台阶，并邀我为这套丛书写一个总序，我欣然答应。韦森君在国外攻读博士学位期间即已潜心研究当代制度分析的前沿各家论述，后来到英国剑桥访问期间更广泛收集了各个主要学术期刊上的制度分析经典文献。现在，这套丛书经他的策划，即将陆续由上海财经大学出版社出版，这是韦森君为我国经济学界所做的一个新贡献，也是我国经济学界的一件盛事。

译书要做到“信、达、雅”是一件辛苦而又充满挑战的工作。韦森君在教学、研究之余，笔耕不辍，随笔文字隽永，发人深省，译著信、雅、达兼备，有上世纪初的译者之风，是主持翻译这套丛书最合适的人选。作为一位关心中国经济学科成长的学者，我感谢韦森君及这套丛书的诸位译者、校者的努力，也期盼这套丛书的读者有志一同，为中国制度经济学的研究走向国际经济学思潮的前沿而努力。

2003 年 5 月 18 日
于北京大学朗润园

前　言

关于社会契约,广为人知的传统研究方法是基于理性决策的方法。这种传统方法探讨的是,在事前的“自然状态”(state of nature)业已存在的条件下,理性决策者将达成何种类型的契约。这是托马斯·霍布斯(Thomas Hobbes)的传统方法,当代在约翰·哈塞尼(John Harsanyi)和约翰·罗尔斯(John Rawls)那里得到了继承和发展。除了上述传统方法外,还有另一种传统方法,即大卫·休谟(David Hume)和让·雅库斯·卢梭(Jean Jacques Rousseau)创立的方法,探究的是不同的问题。这些问题包括:既存的、隐性的社会契约是如何演化而来的?又将如何继续演化?本书致力于这些问题的探索,旨在对第二种传统方法有所贡献。

在一定程度上,黑格尔(Hegel)和马克思(Marx)触及了第二种传统方法。但是,由于缺乏动态演化观,他们求助于关于历史辩证法的奇妙构思。达尔文(Darwin)通过对自然界中再生差异性的观察,注意到了自然界的动态演化机理。正如生物进化一样,社会文化领域也存在着一些再生差异性现象。与不成功的策略相比较,成功的策略中有着更多的互动和模仿。如果采用理查德·道金斯(Richard Dawkins)的语言方式,我们可以说,社会文化的进化和生物进化都是差异性复制驱动的过程。这里有一个简单的差异性复制动态模型,现在被人们普遍称为动态复制器(replicator dynamics)。虽然无论从生物学的角度还是从文化学的角度,这种动态理论都显得过于简单化,但是,它提供了一个能够抓住差异性复制关键特征的、便于控制的模型。该模型可以作一般化的构建,进而将突变现象和重构现象纳入模型。这些生物学范畴所反映的事物的规定性,在文化演化的世界里同样存在。在文化领域,突变现象表现为新行为方式的突然出现,思想和策略的重构现象也正是文化神奇性的源泉。因此,运用动态演化论的这些分析工具,我们就能够从一个新的视角来探究社会契约各个方面的特征。

有人会认为,两种方法最终都将得出相同的结论,因为自然选择导致的是非理性结果。这种观点并不正确,读者在阅读本书的过程中可以循着一个路径,就是关注为何这种观点不正确。本书的第一章将性别比例的生物进化与正义的文化演化并列起来加以分析。这里,我们揭示了进化过程如何呈现了"达尔文的无知之幕"(Darwinian veil of ignorance),①在这样的状态下通过简单的讨价还价博弈,常常(但并不总是)能达成一个公正的分工选择。与此形成鲜明对照,理性行为理论得出的结论是,在信息充分、行为理性和追求自身利益最大化的前提下,能够达成有限的均衡状态。第二章揭示了进化可能会消除承担一定成本的惩罚者惩治不公平行为者的行为。尽管惩罚策略是博弈参与人的弱占优策略(weakly dominated strategy),由于它会使结果变得更好而不是变得更坏,所以,它仍将存续下去。第三章展现了理性决策与演化之间的明显差异。如果说演化博弈一般理论允许博弈参与者策略具有相关性,那么,在理性决策博弈理论中,博弈参与者的强占优策略导致了策略的不相关性。相关性解释了"达尔文的无条件命令"(Darwinian categorical imperative),对利他主义和互助的演化条件给出

① "无知之幕"(veil of ignorance)是罗尔斯《正义论》中的一个重要理论,指在讨论社会或组织中应当如何对待不同角色的成员时,最好的方式是:每个人都集中到一个幕布后,且每个人都不知道走出幕布之后将成为什么角色,可能成为贫民,也可能成为市长。在这样的背景下来讨论如何对待社会或组织中每一个角色的规则,才能摆脱既得利益的影响,真正实现一个公正的规则,达到对弱势角色的保护。——译者注

了一个一般性的分析框架。第四章对对称的最优选择的策略人之间的理性选择难以实现的情况进行了总体分析。动态演化理论可以打破信息对称的魔咒，解释相互关联的习惯的形成机制。产权行为的起源，进而产权概念的形成，就是很好的例子。第五章探讨能指(涵义)是如何自然地与信号博弈中的令牌①联系起来的。理性选择理论存在的"咿呀均衡"(babbling equilibria)②中，令牌则没有任何能指(涵义)，但是，在动态演化理论中，能指(涵义)的演化是必然的。通过一系列与社会契约相关问题的分析，由理性选择视角转向动态演化视角，我们看到了二者的重要差异。在很多情况下，反常情况得到了解释，想象中的悖论也不复存在了。

因此，两种传统的分析方法并不能得出相同的结论。它们既有相互一致的观点，又有着显著的差异。把握休谟的传统分析方法，我着眼于它的解释力而不是标准化的表达方式。有时，我因能够解释事物如何演化而兴奋；有时，我想，基于任何一个似乎合理的动态演化理论，我就能够说出事物演化的原因。或是介于两者中间的情况，也许我能够说明一系列形成特定结果的初始条件。当我对演化理论的分析结果与理性决策理论的分析结果加以比较时，我并不是要对后者标准化理论提出批评，我只是强调了这样的事实，即两种传统理论对不同问题的探究得出了不同的答案。

虽然在本书所讨论的命题背后存在着博弈理论和动态演化理论的支撑，我还是保留了为学术性刊物所推崇的技术细节。当然，阅读这本

---

① 在流程模型中有两个核心概念，即令牌(token)和信号(signal)。在一个流程的初始状态下，令牌是一条执行路线，指向一个节点；而信号则指示着令牌是否继续执行相应的路线。——译者注

② 这是一个很难对应翻译的概念，有人将它直接翻译为"胡说均衡"，似乎不妥。这里勉强用"咿呀均衡"译之，其涵义是"在廉价博弈(cheap game)过程中可能出现的博弈参与各方均认为的廉价磋商毫无意义的结果"。——译者注

书并不需要特定的专业背景，基于这样的考虑，我介绍了一些有用的概念。我希望并相信，这本书能够被渴望把握令人陶醉的社会契约自然主义论命题的读者广泛接受。

布莱恩·史盖姆斯
(Brian Skyrms)

致　谢

我要感谢很多朋友，感谢他们对本书中的部分或全部内容给出的有益评价。我要特别感谢的是：Justin d'Arms，Francisco Ayala，Cristina Bicchieri，Ken Binmore，Vincent Crawford，Branden Fitelson，Steven Frank，Alan Gibbard，Clark Glymour，Peter Godfrey-Smith，Bill Harms，Bill Harper，John Harsanyi，Jack Hirshleifer，Richard Jeffrey，Ehud Kalai，Philip Kitcher，Karel Lambert，David Lewis，Barbara Mellers，Jordan Howard Sobel，Patrick Suppes，Peter Vanderschraaf，Bas van Fraassen，Bill Wimsatt。我非常感谢后来的朋友和同事格雷格·卡夫卡(Greg Kavka)，同他的讨论使我受益良多。本书的第一稿完成于1993～1994年间，那时我在行为科学高级研究中心工作。感谢国家科研基金会(the National Science Foundation)、安德鲁·梅隆基金会(the Andrew Mellon Foundation)和加利福尼亚大学校长奖学金(人类学)所提供的资助。感谢加利福尼亚大学尔湾分校(Irvine)位于圣地亚哥的超级计算机中心所提供的帮助，在那里我才能进行一些大型模拟分析。在分别得到《哲学》杂志和《科学哲学》杂志同意的前提下，“性别与正义”和“达尔文与‘决策逻辑’”的主要内容得以再现于本书之中。

目　录

第一章

性别与公正[①]

① 本章选自我于 1994 年发表的同名文章。一些相关模拟分析结果也被补充到了本章之中。

关于公正与不公正的概念，有些人毫不犹豫地认为这是人类的自然状态，并毫不踌躇地表明人类必须具有这样的概念，甚至主张这样的概念是有益于人类的。

——让·雅库斯·卢梭，

《论人类不公平的起源》(*A Discourse on Inequality*)

约翰·阿布斯诺特(John Arbuthnot)博士于1710年在《伦敦皇家学会哲学公报》上发表过一篇短文，题目为“上帝福佑之佐证：新生儿性别的永恒规则”。阿布斯诺特是当时的宫廷御医、英国皇家学会和医师学会成员。阿布斯诺特在任职女王陛下内科医生的同时，对当时正在兴起的概率论产生了浓厚的兴趣。他将关于概率论的第一本教科书——克里斯蒂安·惠更斯(Christian Huygens)所著的《论赌博中的计算》——翻译成英文版本。不仅如此，他还进一步探讨了惠更斯没有考虑到的几个机会博弈问题。

阿布斯诺特认为，在这个世界上男人和女人数量的平衡，正是上帝福佑之佐证。每一个男性都能够找到女性配偶，而且年龄相当，这样，人类就能够得到延续。阿布斯诺特不只是从新生儿性别数量的大致均等这个事实简单地得出上述观点的，他还注意到，男性的夭折率远远大于女性，因此，如果出生时的男女性别数量完全相同，就会出现处于生殖年龄的男性不足。通过对新生儿统计数据的缜密分析，阿布斯诺特认为，“上帝，英明的造物主，解决了这个问题。为了弥补男性可能出现的不足，上帝把比女性新生儿多的男性新生儿带到这个世界上，并且保持着几乎不变的比例”。阿布斯诺特运用1629～1710年间伦敦地区的洗礼仪式的统计表来证明自己的看法，统计表显示出男性新生儿数大于女性新生儿数的概率是有规则的(基于大量的数据集，计算的结果重复着相应的概率，①因此，可以得出这样的结论：人类出生时性别比例

---

① 关于这方面的深入考察，参见Stigler(1986)。

中男性居多是真实可靠的)。阿布斯诺特通过下面的注解,表达了他得出的结论:

> 由此可见,一夫多妻制违背了自然与公正法则,而且违背了人类繁衍的规律。在男性和女性人数相同的地方,如果 1 个男人拥有 20 位妻子,那么必然就会出现 19 个男人独身的现象,这种情况违背了自然法则。与 20 位男性匹配 20 位女性相比较,1 个男人也不可能更好地使 20 个女人有效受孕。①

阿布斯诺特的短文提出了两个重要问题。其中的一个重要问题,也就是在上述注解中努力呈现的问题,即在任何地方性别比例几乎相同的原因是什么。而该问题的答案又会导致另一个更加令人困惑的问题:为什么男性的数量会略微超过女性的数量?阿布斯诺特的回答是,上帝偏好一夫一妻制。这样,也引出了他对第二个问题的答案。给定男性的夭折率高于女性,这是上帝计划之外的其他原因所致的,为了维护一夫一妻制,男性新生儿数量略高则是必要的。男性新生儿略超女性新生儿的统计数据可以证明上述理论,除此之外,难以找到令人信服的其他解释。

在我看来,这样的解释在某种程度上优于某些评论者的阐释。然而,一旦面对广泛的生物统计数据的检验,这种解释就会陷入困境。总体上来说,哺乳动物乃至多配偶动物的雄雌性别比例均接近于 1/2。在这些动物中,1 个雄性动物就能够使 20 个雌性动物有效受孕。在动物世界里,这样显著的雄性占比,从来没有产生或出现秩序混乱的情况。当上帝创造羚羊和大象的时候,他心里又是怎么想的呢?

如果神学不能为这样的问题提供一个现成的答案,那么,生物学能够提供更好的答案吗?事实上,在 1871 年达尔文没有能够给出一个肯定的答案。他的答案是这样的:

① 参见 Arbuthnot(1710),第 189 页。

无论如何，如我们所见，两种性别数量相同，或由于一种性别的直接优势或劣势导致的数量超过另一种性别数量，都可以归结为遗传趋势。例如，就生存竞争而言，具有多生产雄性而少生产雌性倾向的种群，则不如具有多生产雌性而少生产雄性的种群表现得出色，因此，这种倾向不能适应物竞天择、适者生存……过去我曾经认为，当一个种群存在两性数量相同趋势时，它就符合了自然选择法则，因此就相对于其他种群具有了优势。但是，现在我认识到，整个问题是如此复杂，最保险的做法是让后来人去寻求答案。①

公正问题

这里，我们从一个非常简单的问题开始我们的分析。有两个人将分享一块巧克力蛋糕，两个人都没有针对对方的特殊要求，两个人的策略立场是完全对称的。这块蛋糕的获得，两个人都没有付出任何代价，至于如何分享完全取决于两个人自己的决定。然而，如果两个人不能够就如何分享达成一致，那么，蛋糕就会变质，两个人将一无所获。这样，两个人应该如何去做似乎是显而易见的，那就是平均分享这块蛋糕。

你可以设想一下讨价还价的过程。一个人问："2/3 归我，1/3 归你，如何？"另一个人的回答是："我要 60%，你拿走 40%。"……如此循环往复，最终每个人都找到了自己可以接受的底线。我们将注意力集中在这个底线上，并考虑运用一个博弈模型使之尽可能简单化。② 两个人分别将最终要求分得蛋糕的百分比写在一张纸上，把纸折叠后交

① 达尔文：《人类的起源》(*The Descent of Man*)，第二版，第 263 页。

② 源自约翰·纳什。参见 Nash(1950)。

给仲裁人。如果两个人要求分得蛋糕的百分比之和大于100%,则仲裁人吃掉这块蛋糕;如果两个人要求分得蛋糕的百分比之和不大于100%,则各自得到要求分得的份额(还可以假设:如果两个人要求分得蛋糕的百分比之和小于100%,则仲裁人得到剩余的部分)。

面对这样的问题,人们将如何行为呢?我想,我们都会给出同样的答案,几乎所有的人都会要求分得半块蛋糕。事实上,有人做过这样的实验。尼德加(Nydegger)和欧文(Owen)[1]要求实验参与者在他们两人之间分1美元,结果不出所料,所有的人都接受一半对一半的等分办法。因为这个实验的结果并没有被视为有什么反常现象,该实验没有被广泛关注和讨论。[2] 实验的结果正如每一个参加实验者所期望的那样,这个毫无争议的公平分割规则正是我现在要关注的。

我们都认为知道了问题的正确答案,但是,为什么答案是正确的呢?在多大程度上,答案是正确的呢?让我们来看一看是否完全信息、完全理性的自利者假设能够给我们提供答案。如果我要尽可能多地分得蛋糕,那么,最好是根据你写下的分割比例要求来确定我自己的分割比例要求。我不希望我们两人要求的分割比例之和大于100%,以至于我们什么也没有得到。然而,我也不希望我们两人要求的分割比例之和小于100%。对你而言,同样如此,你的最佳选择是基于我的选择。这样,我们就面对着二者相互作用的最优化问题。问题的解决方案是二者相互作用的最优化问题解的均衡解。

给定我们中的一个人主张的分割比例,那么,另一个人的主张就是最优的。若如此,我们就实现了完全信息、完全理性和追求自身利益最

---

① 参见Nydegger and Owen(1974)。

② 实验者发现了这个等分规则作为一个一般化的规则,与之对照,其他的博弈框架中就会出现奇异的情况,比如"最后通牒博弈"(ultimatum games),在这个博弈中,一个博弈参与者提出一个分配方案,另一个参与者要么接受,要么一无所获。这类博弈将在第二章加以讨论。

大化条件下的均衡。换句话说，当我的主张给定时，你就不可能通过改变你自己的主张来达到更好的结果；同样，当你的主张给定时，我也不可能通过改变我的主张来达到更好的结果。这种均衡就是博弈论中的核心的均衡概念。这个概念最早见于古诺(Cournot)的理论中，在约翰·纳什证明了这种均衡具有普遍性的存在之后，这种均衡常常被称为“纳什均衡”(Nash Equilibrium)。① 这种均衡具有强制力，在这种均衡状态下，如果一方单方面偏离这个均衡结果，他不仅事实上将一无所获，而且会因为他对均衡的偏离，带来比均衡状态下更加糟糕的结果。这种具有超强稳定性质的均衡就是“严格的纳什均衡”。

如果我们每一个人都主张获得半块蛋糕，我们就处在一个严格的纳什均衡状态。如果我们中的一人主张分割的蛋糕小于半块，那么，他得到的就会少；如果我们中的一人主张分割的蛋糕多于半块，那么，我们各自主张分割蛋糕的比例之和就会大于100%，结果我们都将一无所获。然而，诸多其他类型的严格的纳什均衡也同样存在。设想：你主张分得2/3的蛋糕，我主张分得1/3的蛋糕，基于上述同样的原因，我们同样又处在严格的纳什均衡状态。如果我们中的任何一个人主张分得更多的蛋糕，那么，我们两个人均将一无所获；如果我们中的任何一个人降低要求分得的份额，那么，他的所得就会减少。事实上，每一对分割比例主张的匹配，只要其和为100%，都构成了一个严格的纳什均衡。② 对于分蛋糕问题，我们可以找到大量的严格均衡的解决方案。但是，我们要说的是，它们中仅有一个方案是公正的，即完全信息、完全理性、追求自身利益最大化条件下的均衡，尽管这种均衡得以严格地阐释，也解释不了我们这里的公正概念。

① 参见 Nash(1951)。

② 如果我没有分割蛋糕的要求，而你提出100%归你的主张，我们仍将处在一个纳什均衡状态，但是，这是不严格的纳什均衡。因为，如果我单方面地偏离这个均衡，我的处境既不会变得更坏，也不会变得更好。

公正是看不见的,但是,公正并非完全看不见。她既不无知,又不愚蠢。她富有信心,充满理性,但是,我们一定程度上已经明白,她有自身利益,但绝非自私自利。试图压制这种理念,构成了道德史的主要篇章。约翰·哈塞尼[①]和约翰·罗尔斯[②]阐释了公正的原则和程序可以通过在被罗尔斯称为"无知之幕"后的理性选择来获得。"无论如何,我们必须消除特定的偶然事件可能造成的影响,因为这种影响导致人们产生歧见,诱使人们利用社会环境和自然环境去构建他们自己的优势地位。为了做到这一点,我假设将不同角色放置在一个"无知之幕"背后。"[③]"无知之幕"的假设真正试图隐藏什么,这是一个令人拍案叫绝的问题,这里,我不会抓住这个问题不放。从这些复杂的事物中,我们可以这样加以抽象化:想象你和我(A 和 B)两人之间分割蛋糕,并且约束条件是,在你和我决定如何分割之后,仲裁人再决定是否你是 A、我是 B,或者相反。这样,我们就被认为是在"无知之幕"条件下做出我们的理性选择。

那么,谁是仲裁人?他又将如何做出选择呢?为了做出我的理性选择,我想知道问题的答案。事实上,除非我拥有某些知识或某种信念,或对于该问题答案的某种程度的确信,我是不知道如何做出理性选择的。如果我确信仲裁人喜欢我,理论上我会赞成 A 分得 99%的蛋糕,B 分得 1%的蛋糕;或者相反,B 分得 99%的蛋糕,A 分得 1%的蛋糕(我并不特别关心做出何种选择),因为命运会对我微笑。如果仲裁人讨厌我,我会赞成在 A 和 B 之间等分蛋糕。

人们自然会说:"不要担心会发生这类事情。不会因这类事情的出现而影响公正。仲裁人将用抛硬币的办法来决定谁是 A 或 B。"这实质

---

① 参见 Harsanyi(1953)。

② 参见 Rawls(1957)。

③ 参见 Rawls(1971),第 36 页。

上就是哈塞尼的立场。假如现在我所关注的只是得到期望的蛋糕量，又假设我既不是风险规避者，又不是风险嗜好者，那么，我就会研判在A和B之间蛋糕分割比例的每一种可能的组合，从而用尽全部蛋糕，达到最优的结果：就我个人而言，99%归A、1%归B的分割比例与各得50%的分割比例是没有差异的。这种情况也同样适用于你。对于解决这样的问题，哈塞尼—罗尔斯的“无知之幕”就不会有任何帮助了（尽管它有助于其他问题的解决）。① 关于这个问题，可以为我们所用的就是讨价还价博弈的严格纳什均衡。②

与哈塞尼不同，罗尔斯的立场中不存在“仲裁人抛硬币”。我们对于主宰命运的女神如何行动是一无所知的。罗尔斯认为，正是因为我的无知，我应该以命运女神不喜欢我为前提，做出我的行为选择。③ 你也应该这样去做。我们应该遵循最小收益最大化的决策法则，这样，我们两个人都将接受50%对50%的分割比例。这让我们得到了想要的结论，但是，得出这个结论的基础是什么？为什么我们二人都心存顾虑？毕竟，尽管在A和B之间做出一个不平均的分割比例，命运女神也不可能做出同时有悖于我们二人的决定。显然，这样的讨论仍将继续下去。④ 然而，这里介绍了解释公正概念的有关问题后，我想就此打住，不再讨论下去，回到性别比例的问题。

---

① 哈塞尼本人也有这种观点，可参见 Harsanyi and Selten(1988)，第13页。在他们的书中，哈塞尼和赛尔顿提出了可以在各种纳什均衡中做出选择的理论。基于这个理论，在博弈中能够对公正的分割做出选择。在后记关于更一般的讨价还价博弈讨论时，我们将回到这个命题。

② 加之100%对0%分割比例的均衡。

③ 这里，我所指的只是 Rawls(1957)先进的理念。并不想在本书中讨论罗尔斯政治哲学的相关发展。

④ 参见 Rawls(1971)；Harsanyi(1975)。

演化与性别比例

R. A. 费雪(R. A. Fisher)在其巨著《自然选择的遗传理论》(*The Genetical Theory of Natural Selection*)①中,探讨了关于性别比例演化的达尔文难题的基本答案,同时也奠定了演化博弈的理论基础。按照达尔文的思路,我们假设遗传趋势使两种性别数量相同,或使一种性别超过另一种性别,这种遗传趋势不影响第二代性别的期望数量;我们又假设在种群中存在随机配对。基于上述假设,费雪指出,遗传趋势仍然会影响第三代的期望数量。

在被考察的所有物种中,我们看到,每一个后代都有自己的父亲和母亲,而且,从父亲和母亲那里各继承了一半的基因。假设雌性在种群中占优势,那么,雄性则想要生育更多的雄性后代来平衡性别比例,这样,它们会对下一代贡献出更多的基因。倾向生育更多雄性后代的个体对第三代的期望数量要高于种群的平均期望数量,这样,在种群中则会形成基于遗传基因的发展趋势。同样的,在雄性占优势的种群里,生育更多雌性的基因遗传趋势会扩大。这里存在着一个进化反馈机制,这种进化反馈机制使雄性和雌性在一个相同比例水平上保持稳定。

我们注意到,即使根本不会出现雄性被大比例繁殖出来,上述观点仍然是能够站得住脚的。如果只有一半的雄性,那么,按照繁殖适度性法则,就会有两倍的后代被繁育出来。尽管繁育雄性后代就像购买彩票,未必能如所愿。即使繁育出两倍后代的可能性仅有一半,其结果也实现了相同的生育期望值。因此,上述观点具有一般性。以家庭养育

① 参见 Fisher(1930)。

的牛为例，即使家牛在可以进行繁育前有90%的公牛被吃掉了，但是，进化的力量始终驱动着性别比例达到一个稳定的单位值。

在性别比例的分析中，费雪提出了对策论，并运用到演化理论。对策论是博弈论中的重要思想。种群中个体的性别比例偏好与种群中其他个体的性别比例偏好是相互决定的。在种群中，生育更多的雄性后代倾向与生育更多的雌性后代倾向是非常吻合的；而生育更多的雄性后代与生育更少的雌性后代的吻合度就较低。这里存在一种趋势，即两种性别的数量相同，达到均衡。这对于种群以及种群中的个体来说都是最优状态。

现在，我们对哺乳动物性别比例大致相当的一般事实提出了动态解释。可是，阿布斯诺特提出的问题将如何回答呢？为什么人类的两性数量不完全相等呢？阿布斯诺特认为，人类性别比例中出现男性数量大于女性数量的情况，不能简单地归因于样本的选取出现了错误，后来的研究也证明了他的这个看法。费雪对此问题也有同样的看法。这里，将我提出的观点简单做如下表述。假设父母生育抚养男孩和女孩的成本相同，考虑一个特例：如果一对父母生育抚养两个男孩与生育抚养一个女孩所耗费的资源相同，且生育一个男孩的满足度期望值大于生育一个女孩的满足度期望值的1/2，那么，这对父母就愿意生育抚养两个男孩。当生育抚养不同性别的孩子所承担的成本不同时，演进反馈机制就会导致关于两种性别孩子的父母投资均等化倾向，从而就会导致不同的性别比例。

在费雪那里，他基于在父母对孩子养育期间性别比例出现的变化事实，分析了人类的性别比例问题。在母亲怀孕期间，男女性别比例大致为120∶100；但是，在养育期间，男性的夭折率远远高于女性的夭折率，这样，到了成年的时候，男性和女性数量大致相当，到后来，则会出现女性数量多于男性数量的情况。由于父母既抚养了第二代子女，又抚养了第三代子女，所以，父母对孩子的养育期间是很难完全界定清楚的,父母抚养子女的时间也就无法完全确定和核算。由于男性的夭折率比女性高,最终生育抚养男孩的平均支出要高于生育抚养女孩的平均支出,但是,在男孩出生时,预期生育抚养支出要低一些。这样的看法与演化观是一致的,在怀孕和出生时,男性数量超过女性;当孩子到了成年时,也就是父母养育期结束时,女性数量超过了男性。费雪有这样的评论:“人类的实际性别比例似乎非常吻合这种情况。”①

公正:一个演化的寓言

演化将如何影响分割蛋糕博弈中的策略呢?我们首先构建一个演化模型。在一大群人中,我们随机选择每一个人,进行两两配对,来演示我们设计的讨价还价博弈。蛋糕代表达尔文可置信度的大小——期望的孩子数量——可以被分割和转让。每一个个体按照自己的可置信度不断采取自己的策略,而且将他们的策略传给子孙。在这个简单的博弈模型中,每一个个体都拥有计划好的策略,这些与演化的可置信度相一致的策略不断被复制出来,而演化的可置信度是在讨价还价的博弈互动中获得的。

值得注意的是,在这样的博弈背景下,策略本身引人关注,而根据不同情况实施策略的个体则被忽略了。虽然这里只是两人之间的博弈状态驱动着事件情节的演化,但是,收益则决定于策略之间的互动。参与博弈的个体特征不是那么重要,而且他们的角色是不断转换的。这就类似于达尔文的“无知之幕”。这种状态有一个鲜明的结果,它反映了公正的演化。

假设群体中的每个个体都要求获得60%的蛋糕,那么,在他们之

① 参见Fisher(1930),第159页。

中两两配对后,他们将一无所获。如果有一个人要求分割蛋糕的量小于 40%,他就能够获得想得到的蛋糕量,且这个结果优于群体的平均值。如果群体中每个个体都要求获得超过 50%(小于 100%)的蛋糕,结果与每个个体都要求获得 60%的蛋糕的结果完全相同。假设群体中的每个个体都要求获得 30%的蛋糕,那么,要求分割的比例略大于 30%的人的所得大于群体的平均值。如果群体中的每个个体要求获得小于 50%的蛋糕,情况也相同。这表明,在达尔文的"无知之幕"下,只有要求 50%的蛋糕和要求 100%的蛋糕的策略才能够成为均衡策略。①

要求分割 100%蛋糕的策略是一个均衡策略,但是,这个均衡策略是不稳定的。在群体中,每个人都提出要求分割 100%的蛋糕,则每个人都将一无所获。如果突然有一个人变卦了,提出了不同于 100%的要求,那么,他还是一无所获。但是,假设出现了一个由适度变卦的个体构成了群体中的一小部分人,比如他们要求分割 45%的蛋糕,绝大多数情况下,他们将与 100%的要求者配对,从而一无所获。但是,有时他们会彼此之间配对,则得到了 45%的蛋糕。这样,他们收益的平均值将高于整个群体的平均值,将有更多的人加入他们这个群体,使他们所在的群体规模扩大。

另一方面,要求分割 50%的蛋糕是一个稳定的均衡策略。在一个群体中,每个人都要求分得一半蛋糕,任何一个人的变卦而要求分得的蛋糕不是 50%,那么他所得到的回报都会低于整个群体的平均回报。这种要求分割 50%蛋糕的策略,被梅纳德·史密斯(Maynard Smith)和普莱斯(Price)称为"演化稳定策略"。② 这一策略也是极具吸引力的

---

① 我们这里讨论的是纯策略问题。

② 参见 Maynard Smith and Price(1973)。

动态模仿演化的均衡策略。①

在对称的讨价还价博弈中，公平分割是独特的演化稳定均衡策略。它的强稳定性保证了在模仿者动态策略演化过程中，它一直是极具吸引力的均衡结果，而且使模仿者动态策略演化过程的细节变得无足轻重。即使存在为了获得更大收益而提高要求分割比例的策略趋势（或可能性），公平分割依然是动态演化过程中的稳定策略，因为，任何单方面的背离公平分割策略的行为都将导致更加糟糕的回报。基于这个理由，我们可以将达尔文的进化论置于文化演化（cultural evolution）的背景之下，在文化的动态演化过程中，模仿和学习起着重要的作用。

这里，我直接关注对称的讨价还价问题，因为只有在这种情况下，博弈参与者才能被认为拥有对称的策略，我们才能清晰感知公正存在于分享，而且是均等分享。这里，与性别比例的情况完全相同，动态演化理论有助于我们对问题做出成功的阐释，而其他任何理论都无法阐释。在大量的完全信息、理性和追求自身利益最大化条件下的博弈均衡中，演化过程选择了一种独特的演化稳定均衡，而且使之成为公正分配的法则或习惯。

多态问题

如果我们更深入观察周围的事物，会发现事物的复杂性不断提升。在性别比例和分割蛋糕这两个案例中，我们考虑的是纯策略演化的稳定性。我们没有考察演化不会导致纯策略被锁定的可能性，更没有考察群体中的一部分采用一个纯策略而另一部分采用另一策略导致群体

① 参见 Taylor and Jonker(1978)。

呈现多种形态的可能性。

首先，我们审视一下与性别比例相关的问题。费雪的基本观点是：如果种群中的一类性别数量很少，那么，演化趋势将偏向于另一类性别的生育。但是，种群中的两类性别数量相等时才能达到稳定的均衡，这可能是因为所有的个体都实施等概率生育不同性别后代的策略。但是，费雪的观点可能同样是正确的，因为在同一种群中，两种完全不同的策略会对等地出现，例如，有的个体生育了90%的雄性后代，有的个体生育了90%的雌性后代（或者在其他无限数量的多形态中导致了这个结果）。可是，一般来说，这些多态均衡状态在自然界里难以被观察到。为什么不能被观察到呢？

在我们回答这个问题之前，我们要问，讨价还价博弈中是否也存在多态均衡？一旦你认真地审视，你就能够发现其中存在大量的多态均衡。举例说明，假设群体中的半数主张分得2/3的蛋糕，另一半主张分得1/3的蛋糕。我们称前者为“贪婪策略”，后者为“谦让策略”。一个贪婪者碰到另一个贪婪者与碰到另一个谦让者的机会是均等的。如果他碰到了另一个贪婪者，由于他们主张分割的蛋糕之和超出了整块蛋糕，所以，他将一无所获。但是，如果他碰到了谦让者，他就得到了2/3的蛋糕。这样，他的平均收益就是1/3的蛋糕。然而，对于一个谦让者来说，无论碰到什么样的人，他的收益都是1/3的蛋糕。

我们审视一下这样的多态现象是否是一个稳定的均衡。首先，我们注意到，如果贪婪者的比例提高了，那么，贪婪者彼此相遇的机会就会上升，贪婪者的平均收益就会下降，并且低于谦让者有保障的收益（1/3的蛋糕）。如果贪婪者的比例下降，贪婪者碰到谦让者的机会就会上升，贪婪者的平均收益也就会上升到大于1/3的蛋糕。这种负反馈机制使群体中贪婪者和谦让者保持对等数量。但是，一旦出现其他的突变策略，情况又将如何呢？假设群体中有一个超级贪婪的突变个体，他主张分割的蛋糕超过2/3，那么，这位突变者的收益是0，且自绝于整个群体。假设群体中有一个超级谦让的突变个体,他主张分割的蛋糕少于 1/3,那么,这位突变者得到了他所要求分割的蛋糕,但是,他的所得既低于贪婪者也低于谦让者,所以,他同样也是自取灭亡,尽管自取灭亡的速度会比超级贪婪者自取灭亡的速度要慢得多。还有一种可能性是,群体中有一个走中间道路的突变者,他的要求介于贪婪者和谦让者之间,比谦让者要求的多,但比贪婪者要求的少。还有一种特别有趣的情形,就是有一个"心怀公平"的突变者,他要求分割的蛋糕恰好是 1/2。所有这些突变者,当他们遇到了贪婪者,他们会一无所获;当他们遇到了谦让者,他们的收益也会少于贪婪者。因此,他们的平均收益低于 1/3,而且,他们所有人,包括"心怀公平"的突变者,都将自取灭亡。由此可见,在多态现象中存在着强稳定性。

无论对于群体来说,还是就公正的演化而言,这都是令人不悦的消息,因为我们这里的多态现象是无效率的。这里,每个人平均获得 1/3 的蛋糕,而贪婪者相互遭遇时,他们连 1/3 的蛋糕也得不到。将这种多态博弈均衡与每个人要求并得到 1/2 蛋糕的纯策略博弈均衡作比较,其中的差异就显而易见了。鉴于"1/3—2/3"多态博弈的无效率和强稳定性,显然对于群体来说存在一种陷阱,一旦陷进去,就难以逃脱。

这类多态陷阱是很多的。对于介于 0～1 之间的任意一个数 X 的选择,就存在选择 X 以及选择 1－X 的双策略多态现象。基于我们在上述例子中的同样原因,在同样的意义上,这是一个稳定均衡。正如多态现象中,贪婪的结果是更加贪婪,谦让的结果是更加谦让,随着群体中贪婪者的数量越来越多,群体的平均满意度降低。例如,在前述的多态均衡中,极端贪婪者要求得到 99%的蛋糕,极端谦让者要求得到 1%的蛋糕,如果在 100 人的群体中极端贪婪者占到 98 或 99 人,那么,群体的平均收益就会下降到 0.01。然而,这种不合意的状态恰恰是一种强稳定均衡。

但是,多态陷阱的存在也并非令人绝望,消除陷阱仍有可能。让我们看一个小小的实验:你可以假设蛋糕已经被切成了10片,博弈参与者可以要求他想获得的片数。现在,我们就构建了一个便于处理的有限博弈框架,我们从所有可能的策略具有相同概率开始,按照动态演化(动态模仿者)原理,通过计算机编程,模拟系统的演化。如果你这样去做了,你就会发现,最极端的策略会最迅速地消失,获得半块蛋糕的策略最终成为整个群体的策略。

我们想要弄明白的是,分享和类似分享的法则在群体中演化而生成的可能性的大小,以及演化过程中滑向多态陷阱的可能性的大小。为了回答这些问题,我们需要认真考察动态演化机制。这里,情况并不简单,我们关注的不仅是均衡的存在和稳定性,而且是什么样的初始样本比例导致什么样的均衡。多态陷阱形成的危险的大小决定于引力场的规模大小,而引力场的规模又是由动态演化所形成的。

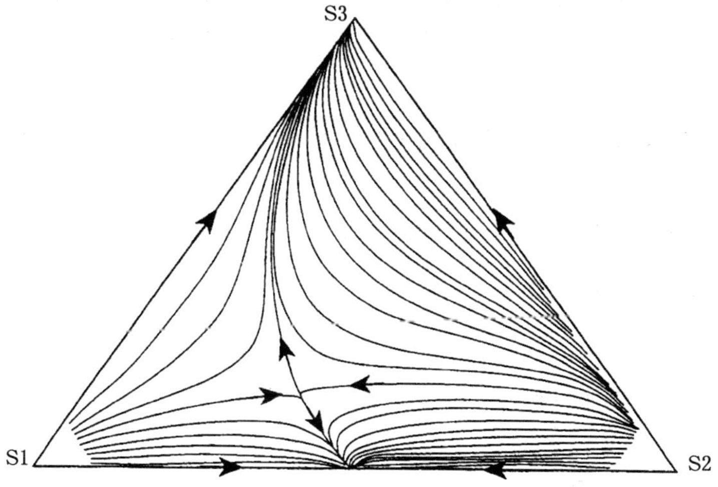

图 1.1

我们可以作这样的描述:设想一个较简单的讨价还价博弈,在这个博弈中仅有三种可能的策略，即要求得到 1/3、要求得到 2/3，以及要求得到 1/2。图 1.1 是(动态模仿条件下的)全局动态图。图中，三角形的每个角对应 100％的样本，它们实施相应的策略，其中，S1＝要求得到 1/3 的策略；S2＝要求得到 2/3 的策略；S3＝要求得到 1/2 的策略。如果三角形各个角上的样本权重与实施相应策略的样本比例相同，则三角形内的任一点都是保持三角形稳定的点。这样就存在一个涉及三种策略的不稳定均衡状态，三种策略分别是：1/2 的样本实施策略 S1，1/3 的样本实施 S2，1/6 的样本实施 S3。在 S1 和 S2 之间有一个吸引力，导致全部样本在这两个策略之间均等划分，同时还有另一个吸引力导致全部样本趋向 S3。很显然，S3(平均分配)的引力场要比多态引力场大得多。但是，导致多态的引力场及其区域仍然不能被忽视。

当我们回到 10 片蛋糕博弈时，这种情形依然真实存在。为了弄明白这个博弈中引力场相对规模的理念，你可以随机选取样本比例的初始组合，①进行计算机编程，让程序演化运行，直至达到样本的均衡状态。之后，多次重复这个过程。经过10 000次的试验后，我发现，62％的实验表明全部样本选择了公平分配策略，其余的则是以这样或那样的多态陷阱结束。②

多态陷阱问题的大小决定于不连续的讨价还价博弈的粒度。蛋糕被分割的片数越多，参与博弈的初始样本量越大，演化的结果就越接近

① 也就是说，按照空间标准正态分布的原理去设计。

② 实验的结果如下：

总实验次数：	10 000 次
公平分配：	6 198 次
4,6 多态：	2 710 次
3,7 多态：	919 次
2,8 多态：	163 次
1,9 多态：	10 次

于公平分配策略。① 如果我们将蛋糕切成非常小的颗粒，讨价还价的博弈中，多态陷阱问题就会大大减轻。然而，我们并不想基于一个理想化的连续博弈模型，假设多态陷阱问题不存在。实际上，在许多情况下，一种物品往往被划分为具体的单位，这种划分直到看不见的单位为止，或采取类似的处理办法。多态陷阱问题的严重程度最终决定于粒度问题。②

相对于多态的引力场，如果公平分配的引力场大，那么，从一组初始条件演化而来的就是公正而不是不公正的结果。如果在动态模型中加入随机突变因子，那么，群体就要花费很多时间寻求公平分配的准

① 例如，20 美元分配的博弈结果如下：

总实验次数：	10 000 次
公平分配：	5 720 次
9,11 多态：	2 496 次
8,12 多态：	1 081 次
7,13 多态：	477 次
6,14 多态：	179 次
5,15 多态：	38 次
4,16 多态：	8 次
3,17 多态：	1 次

200 美元分配的博弈结果如下：

总实验次数：	1 000 次
公平分配：	622 次
99,101 多态：	197 次
98,102 多态：	88 次
97,103 多态：	34 次
96,104 多态：	19 次
95,105 多态：	14 次
94,106 多态：	9 次
93,107 多态：	7 次
92,108 多态：	5 次
91,109 多态：	1 次
90,110 多态：	2 次
89,111 多态：	2 次

② 或者说问题自身。分配策略的演化情境包含一系列粒度问题。

则。这个新的结论是从近来的分析研究中得出的。① 我们仍然期望获得更多的新见解。在我们的分析中是否有一些重要的因素被遗漏了呢?

规避多态陷阱

在某种程度上,与讨价还价博弈中分享和类似分享策略均衡相比较,每个个体倾向于按照 1∶1 的性别比例繁育后代的均衡显得更加不稳定。如果群体性别比例偏向雄性,则个体最佳反应策略是生育雌性;如果群体性别比例偏向雌性,则个体的最佳反应策略是生育雄性。这种极端反应的可置信度越大,则越可能产生多态趋势。可是,在自然界中很难观察到这种性别比例多态现象。② 为什么这种多态现象很难观察到呢?

在生物学的文献中,几乎找不到有关这个问题的讨论。有一种观点源于佛纳(Verner),③即如果将一个地方的小群体中的个体进行配对,而且这些小群体的性别比例具有波动性,那么,即使群体性别比例保持同等水平,也会有这样的结果:就个体而言,1∶1 性别比例的个体比极端性别比例的个体具有更高的满意度。这是因为,当群体的性别比例偏向雄性时,偏爱雌性的策略收益较大,而相应地,群体的性别比例偏向雌性时,偏爱雌性的损失较大。

---

① 参见 Foster and Young(1990);Young(1993a, 1993b);Kandori, Mailath and Rob(1993)。

② 参见 Shaw(1958)关于遗传的理论分析。他研究了性别比例多态现象的两个案例。其中一个是具有两个不同染色体的等足类动物样本的案例。在相同数量的样本中,不同类型的等足类动物性别比例分别为 0.68 和 0.32。

③ 参见 Verner(1965);Taylor and Sauer(1980);另外,参见 Williams(1979)的重要论述。

如果我们不仅假设群体性别构成之间的差异并非统计意义上的简单波动,而且假设由于群体不离弃的天性,导致群体内相近的个体相互配对,那么,1∶1 的个体性别比例的选择趋势就更强。如果佐治亚州是偏向女性的性别比例:9 个女性对 1 个男性;爱达荷州是偏向男性的性别比例:9 个男性对 1 个女性;又如果人类总体性别比例是 1∶1,那么,上述两个州的性别比例是无意义的。在两个州中任何一个州性别比例向 1∶1 的变化都将带来繁荣。

现在,我们归纳出一般化的观点。群体中个体随机配对的假设条件下,群体的性别比例就非常重要了。在这个假设条件下,我们看到,多态均衡形成了群体的性别比例。如果放弃随机配对的假设,那么:(1)分析会变得更加复杂;(2)费雪等性别比例观点的假设之一也被放弃掉了。鉴于(2),偏离随机配对的假设,会改变预期的性别比例。在群体内配对的地方,明显偏向雌性的性别比例现象不仅是可预测的,而且也是能够被观察到的。①

在这个问题上,我想从复杂的生物现象中作一个抽象的概括。设想我们有这样的案例:某地的期望性别比例接近对等,但是,与群体内配对存在正相关趋势。这种正相关就会使性别比例的多态现象不具有稳定性。在向着公正规则演化的道路上,类似的对随机过程的偏离会对多态陷阱产生类似的影响吗?

让我们再回到分割蛋糕的问题上来。我们用相似策略的正相关假设替代随机碰面的假设,显然,在相似策略完全正相关的极端情况下,不可能出现稳定的多态现象。要求分割蛋糕大于 1/2 的策略人相互碰面,两个人都一无所获;要求分割蛋糕小于 1/2 的策略人相互碰面,则他们两个人均得到他们要求分割的蛋糕。最恰当的策略就是要求分割到 1/2 的蛋糕。

---

① 参见 Hamilton(1967)、Charnov(1982)。

在现实世界中,随机配对和策略完全正相关都是不符合实际的假设。真实的情况是介于两者之间的。为了弄明白可能的真实情况的一些特征,我们对图 1.1 中显示的贪婪—谦让多态现象进行再分析。让我们回想一下,S1 表示要求分割到 1/3 蛋糕的谦让策略,S2 表示要求分割到 2/3 蛋糕的贪婪策略,S3 表示要求分割到 1/2 蛋糕的公正策略。现在我们要观察的是,当我们置入策略正相关因素时图像的动态变化。每一类型的策略都倾向于与同类型的策略发生相互作用,而不再是随机配对的预期结果。非随机的程度由参数 e 控制。当 e=0 时,则出现随机配对情形;当 e=1 时,则出现策略完全正相关情形。① 图 1.2 显示了 e=1/10 时的动态变化图景。尽管很小的相关性,却显著减少了贪婪—谦让多态现象的引力场,使之减少到大约相当于随机配对引力场的 1/3 的规模。图 1.3 显示了 e=2/10 时的动态变化图景。图中显示了稳定的贪婪—谦让多态均衡不再存在。公正的博弈参与者获得最高的满意度,任何混合类型的群体都将演化为 100%的公正博弈者群体。相关性产生影响并不让人吃惊,但令人吃惊的是,极小的相关性竟然会产生如此巨大的影响。

一般而言,当相关性提高时,多态陷阱的引力场就会下降,进而低效率的多态现象的吸引力就会下降,最终会消失。在完全相关的极端情况下,群体中的每个个体都遵循公平准则,这样的状态就是唯一稳定的均衡状态。

---

① 这是一个可以用来快速检验正相关效应的简单模型。相同策略者碰面的概率 p(Si,Si)表示如下:

$$p(Si|Si)=p(Si)+ep(Not-Si)$$

相应地,Si 与采取不同策略的 Sj 碰面的概率为:

$$p(Sj|Si)=p(Sj)-ep(Sj)$$

如果 e=0,碰面者的策略不相关;如果 e=1,碰面者的策略完全相关。

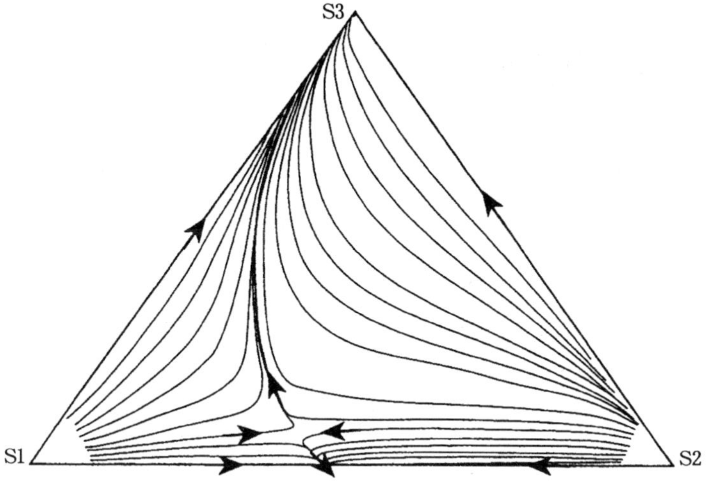

图 1.2

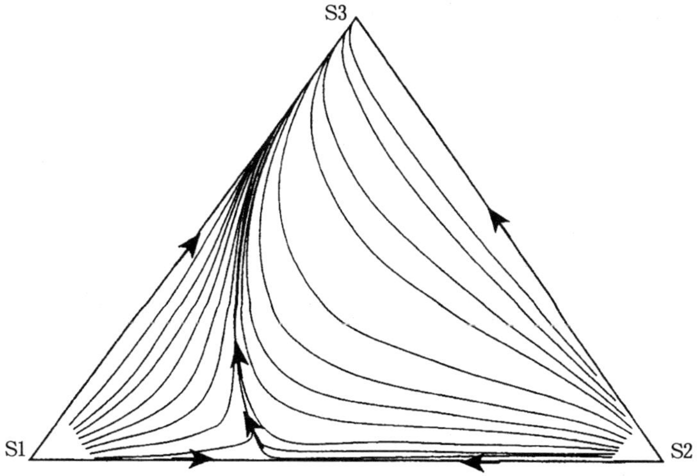

图 1.3

公正的演化

综合前面所有的论述，从分割蛋糕的问题中，我们能够得出公平分配习惯的根源吗？演化分析未必能够得出完美公正一定会演化出来的乐观命题。但是，它向我们展示了被其他理论所忽视的东西。完全信息、完全理性、追求自身利益最大化条件下的均衡概念，即经典博弈理论中的纳什均衡概念，给予我们一系列的纯策略均衡。演化理论给我们的是一个演化的稳定纯策略，即共享和类似共享的策略。唯一的均衡策略的选择过程是达尔文的“无知之幕”后的策略演化过程的结果。在这个意义上，演化理论不仅与哈塞尼和罗尔斯的“无知之幕”理论相关，而且构成了对这一理论的补充。

可是，通过对动态演化机制的深入考察，发现群体无需演化到这样的状态，即每一个个体都实施平均分配这一唯一的演化稳定策略。存在着各种混合稳定状态的群体，群体中的不同部分实施不同的策略。这些多态陷阱具有引力场，始于令人满意的初始状态的群体也会被其俘获。如果在演化过程中存在足够多的随机变化因素，被多态陷阱俘获的群体最终将会跳出来，演化为公平分配的均衡状态。当然，也有最终跳出公平分配的均衡状态的可能性，但是，处在公平分配的均衡状态的时间要比处在多态陷阱状态的时间长得多，因为公平分配均衡状态的引力场更大。

另外，如果将分配问题中所涉及的分配对象划分为尽可能小的粒度，不被公平分配均衡状态所吸引的绝大多数初始状态会被接近于公平分配的多态所吸引。因此，这里极有可能出现“近似公正”的演化结果。

至此，我们的讨论都是建立在个体随机配对假设条件下的标准动态演化博弈论基础上的。无论出于什么原因,或许是因为意向相似的个体间的相互作用,向着公正的演进趋势就是可以预见的。在完全相关的极端情况下,分享和类似分享的群体状态会具有普遍的吸引力,于是,向着公正的演化就有了保证。(在其他类型的相互作用情况下,相关策略者的配对效应也是很有趣的问题。这个论题将在第三章中加以探讨。)

在一个有限的群体中,且在一个有限的时期内,同时存在演化过程中的随机因素、可以被充分分割的物品以及策略的相关性。那么,我们可以说,正如分割蛋糕的情形,分享和类似分享的规则就会被演化出来。也许,这就是对公正概念根源的初步解释。

第二章

承诺[①]

① 在我即将发表的论文《一个异常现象的演化》中有关于本章的更多技术细节。

模块理性

在1963年斯坦利·库布里克(Stanley Kubrick)执导的电影《奇爱博士》(或称为《我是怎样学会了停止忧虑而爱上炸弹的》①)中,有这样的情节:苏联建造了一个世界末日机器,当敌人发动进攻时该装置会被触发,或主动按下按钮而触发该装置,一旦发射,其爆炸的当量足以毁灭整个人类。世界末日机器的这种"触发"式设计,不仅保护了苏联免遭敌人的侵犯,而且防止了建造者存有二心。但是,可以肯定的是,一旦遭到敌人的攻击,对于苏联来说,较好的选择是承受敌人的进攻造成的后果,而不是承受敌人进攻和世界末日机器造成的双重后果。在遭到敌人的攻击后,如果他们能够,他们将毁掉世界末日机器。而且,如果敌人能够预见到这一点,世界末日机器就会失去防止被侵略的威慑力。也正是敌人未能预见到这一点的原因,报复的承诺被置入世界末日机器。威慑力的达成需要所有人都知道这种报复的承诺。电影中有一个令人难忘的场景,彼德·塞勒斯(Peter Sellers)扮演的奇爱博士对着热线喊叫道:"笨蛋!如果不告诉别人你拥有了世界末日机器,这玩意儿就没有任何用处。"

距离好莱坞不远的地方就是圣莫里卡(Santa Monica),兰德公司就是在这个地方研究冷战战略的。赫尔曼·卡恩(Herman Kahn)的报告给出了讨论大规模报复策略的典型开端:

有一个想象中的实验,我用了许多次。在过去的25年或30年里,也出现了许多不同的版本。这个想象实验从这句话开始:"假设美国总

① 剧本编撰者有斯坦利·库布里克、彼得·乔治(Peter George)和泰瑞·邵森(Terry Southern)。

统刚刚被告知有一个相当于多个百万吨级当量的炸弹被投在了纽约，你认为总统会做什么呢?”在20世纪50年代中期，我第一次提出这个问题的时候，得到的回答常常是:“按下每一个核按钮，然后回家。”我与听众之间的对话多少有点像下面的对话:

卡恩:“接下来会发生什么?”

听众:“苏联也会那样做。”

卡恩:“那么，接下来又会发生什么?”

听众:“什么也不会发生了。双方都完蛋了。”

卡恩:“那么，美国总统为什么要这样做呢?”

对于这个命题的一般性再思考会不断进行下去，而且听众会得出这样的结论:也许总统不应该立即将报复性的攻击力全部发射出去。[1]

卡恩通过他的故事引导着他的听众接受这样的观点，即通过大规模报复策略和相互毁灭的威慑手段而建立的设想中的均衡是站不住脚的。听众开始明白，如果有谁被要求采取威胁策略，那么，这个威胁策略的实施可能是非理性的。

这个核心观点并不是什么新观点。我的朋友比尔·哈珀(Bill Harper)喜欢使用普契尼(Puccini)的歌剧《贾尼·斯基基》(*Gianni Schicchi*)[2]来描述这样的观点。[3] 这个情节基于一个古老的故事，主要情节源自但丁(Dante)的《神曲——地狱篇》。[4] 布索·杜南托(Buoso Donati)去世了，他的遗愿是将遗产留给一家修道院。布索的亲属们叫来了贾尼·斯基基(Gianni Schicchi)，让他假扮布索，篡改布索的遗愿。斯基基首先向布索的亲属们说明:篡改遗嘱会遭到严厉的惩罚，该惩罚包括斩断罪犯的一只手。尔后他就假扮将死的布索，向公证

---

① 参见Kahn(1984)，第59页。

② 该剧于1918年12月14日首演于大都会歌剧院。

③ 参见Harper(1991)。

④ 但丁，《神曲》第30章。

人口述一份新的遗嘱。布索的亲属们接受了这个建议,但是斯基基却将自己确定为继承人,而不是那些亲属们。在这个关键时刻,无法反悔的亲属们只能保持沉默,因为揭发斯基基就等于揭发他们自己的罪行。①

这里存在着一个明显的世俗道德规范。一个含有威胁的策略,如果该策略不符合被召唤来实施这一策略的行为主体的利益,且行为主体有不去实施该策略的选择权,那么,这个策略就是一个不完美的策略。实际上,这一点并不仅仅限于威胁策略。当行为主体面临一系列选择的紧急事态,实施可置信的应急计划,在计划的每个选择点上,行为主体做出的都是理性选择。这样的应急计划体现了"模块理性",它是由为了决策而理性选择的模块所构成的。

卡恩将听众引导到一种认知,即通过相互可置信的毁灭性威胁而实现和平只是一种学说,但是,这种学说经不起模块理性实验的检验。制造世界末日机器的策略,消除了选择点,进而压制了模块理性问题。在策略互动过程中,行为主体的应急计划和连续的行为理性是共有知识,世俗智慧告诉我们:策略的模块理性是达成可置信均衡的一个必要条件。

得出上述结论,不值得吃惊。在当代博弈论中也可以找到这样的原理。1965 年,莱因哈德·泽尔滕(Reinhard Selten)②指出,博弈中的可置信的均衡应当是子博弈完美均衡。也就是说,博弈参与人任何子博弈的均衡策略都是该子博弈的均衡。相互可置信毁灭威胁的均衡(MAD,Mutually Assured Destruction)并不是子博弈完美均衡,因为在 A 国家遭受攻击时的决策问题中,必须决定是否实施相互毁灭的策略,

① 假设布索的亲属们拥有一个世界末日机器——可能是适当的第三方持有的一封信,一旦他们没有被提名为继承人,将呈示给官方,并且斯基基对此完全知晓,那么,他只有按照原来的协议来行事。

② 参见 Selten(1965)。

这是一个(退化的)子博弈,而在该子博弈中相互可置信的毁灭威胁策略指向了一个不可优化的、非均衡的行为。子博弈非完美均衡通常反映了模块理性的失败,但在一定程度上,有些模块理性的失败在子博弈中并不能完全呈现出来。① 模块理性是一般性的基本原理。②

约定俗成的公正

我们说原理是世俗智慧的一部分,但并不等于说,它就是人们共同行为的一部分。为检验讨价还价理论而设计的实验,已经表明了实践中违反模块理性是很正常的现象。1982 年,古斯(Güth)、施密特伯格(Schmittberger)和施瓦兹(Schwartze)对讨价还价博弈中的行为展开了调研,该讨价还价博弈引出了模块理性的问题。与第一章中讨论的讨价还价博弈相比,该讨价还价博弈有很大的不同。另外,这里被用来分配的物品是一定数量的德国马克。但是现在实施最后通牒策略的博弈人 1 提出一项公开的分配方案,博弈人 2 只能选择接受或者拒绝。如果博弈人 2 拒绝该项提案,两位博弈人都会一无所获;如果博弈人 2 接受该项提案,那么博弈人 1 将得到他想要的数量,博弈人 2 将得到剩余的德国马克。这个博弈被认为是“最后通牒博弈”或“接受或拒绝博弈”。

这里假设效用大小等同于钱的多少,在此假设条件下,理论上该博弈存在无限数量的博弈均衡。公平分配只是其中的一种均衡。如果博弈人 1 的策略是提出平均分配的方案,博弈人 2 的策略是接受至少得

① 相关例证,可参见 Selten(1975)。

② 这是 Kreps and Wilson(1982)所持的观点。模块理性与他们的“连续理性”具有同样的涵义。

到一半利益的提案，而拒绝任何所得少于一半的提案，那么，这两个人就实现了该博弈的纳什均衡。也就是说，在两个博弈人中，给定另一位博弈人的策略，他都会尽可能地选择该策略。然而，仍然存在类似的纳什均衡，包括40％对60％的分配方案、10％对90％的分配方案以及其他你想得到的方案。

然而，绝大多数的此类均衡，都无法通过贾尼·斯基基式的检验。假设博弈人2具有多比少好的偏好，并且他的行为选择是基于这种偏好的，那么，他不会实施这样的威胁，即拒绝一个低于50％(或者40％，或者更少)的明确提案。如果威胁是不可置信的，那么，博弈人1就无须有任何担心，他最好要求分得更多的利益。这里，存在着一个子博弈完美均衡，在该均衡中博弈人1分给博弈人2的是一个芬尼，剩余的钱留给自己，而博弈人2的策略是接受一个芬尼而拒绝一无所获。但是这种模块理性的行为与实验者得到的结果不符。

古斯、施密特伯格和施瓦兹在科隆大学经济学专业的研究生中进行了最后通牒博弈实验。① 将42个人分为两组，每组21人，分别扮演博弈人1和博弈人2的角色，随机配对进行博弈，每一轮实验都由21个博弈构成。一周后，以不同的随机配对重复进行实验。实验的结果是，上文描述的模块理性均衡行为并没有在这些博弈实验中出现。在第一次实验中，出现频率最高②的提案是平均分配。其他担任博弈人1角色的参与者试图利用他们的策略优势获取更多的利益，但是没有人要求得到几乎所有的钱，平均要求在2/3以下。在两种情况下，相当贪婪的提案③都是被拒绝的。经过一周的思考，当同一参与者再次进行

---

① 这些学生都不了解博弈论。42个学生被等分为两个组，分别担当博弈人1和博弈人2的角色。每一个参与人都不知道另一个组中将由谁与之配对博弈。在两个博弈人之间分配的马克数量从4马克到10马克。

② 21次博弈中有7次出现平均分配均衡。

③ 要求分得全部的4马克，以及6马克中的4.8马克。

博弈时，做出最后通牒的博弈人略显贪婪，平均要求得到 69%，更多的博弈人 2 拒绝了提案，6 位博弈人 1 降低了他们的要求。一位参与者试图实施模块理性策略，他要求得到 5 马克中的 4.99 马克，但是他的提案被拒绝了（三个企图只分给博弈人 2 一马克的提案也同样被拒绝了）。①

大多数没有博弈经验的参与者在担任博弈人 1 的角色时，都会提出平均分配或近似平均分配的方案。对于博弈人 1 而言，博弈人 2 通过拒绝的方式，以自己的损失为代价来惩罚高要求的提案者，这已经是广为人知的事实。在美国、南斯拉夫、日本和以色列四国，罗斯（Roth）、普拉斯尼卡（Prasnikar）、奥野正宽（Okuno - Fujiwara）和扎米尔（Zamir）②四人分别在各自的大学里进行了最后通牒博弈实验。实验者感兴趣的是学习效应，他们探究了当实验参与人重复进行了 10 次博弈的时候，会产生怎样的学习效应。[在不同的讨价还价博弈背景下，宾默尔（Binmore）、萨克德（Shaked）和沙腾（Sutton）③提出，从经验中学习会使“公平人”转换为模块理性的“投机人”。]在所有上述国家的实验中，初始情况是，平均分配的提案被广泛接受，大量的高要求提案遭到了拒绝。在第 10 轮博弈中，美国和南斯拉夫依然是这样，但是，以色列的出价由 50%下降到了 40%，日本的出价则由 50%下降到 40%或 45%。在有些案例中，参与者试图利用率先行动的策略优势获取更多

① 接下来的第三次实验中，有 37 位新的参与人被要求扮演博弈中的两个角色：博弈人 1 提出提案，博弈人 2 给出可接受的最小分配比。注意，这不是一个最后通牒博弈。博弈人 1 不是发出最后通牒的人，博弈人 2 也不是在得到博弈人 1 发出的信号后再做出决定。相反，他们同时做出决定收益的行为选择，正如第一章中的讨价还价博弈。在这里，不会出现模块理性问题和子博弈完美均衡问题。同样的观点在卡恩曼、克奈齐和泰勒尔（Kahneman, Knetsch, and Thaler, 1986）的试验中也得到了应用。在本章中分析的弱占优策略和颤抖之手问题都与这类博弈相关。

② 参见 Roth, Prasnikar, Okuno-Fujiwara, and Zamir(1991)。

③ 参见 Binmore, Shaked, and Sutton(1985)。

利益,但是,所有富有经验的博弈人都不再是投机人。绝大多数博弈人选择更接近 50∶50 的分配方案,即 60∶40 的分配方案,而不是 99∶1 的分配方案。有人可能会想,进行 100 轮或1 000轮博弈后,博弈人的行为是否会接近子博弈完美均衡。无论那时会怎么样,在这里我们只是想把注意力集中在没有博弈经验的行为主体所表现出的初始行为上。他们为什么这么做呢?

不足为奇,最具有普遍意义的假说就是一个简单的假说。多数行为主体实施公平准则,并不是为了最大化他们的期望货币收益。记住一些准则相当重要,这些准则不仅包括承担博弈人 1 的角色时的公平出价准则,而且包括承担博弈人 2 的角色时惩罚不公平出价的准则——假设实施惩罚的成本并不是很高。没有实施惩罚者愿意冒双手被砍掉的风险。没有人会发射所有的洲际弹道导弹。但是,多数人宁可放弃 1 美元或 2 美元,也要惩罚那些想得到 8 美元或 9 美元的贪婪的分配方案提出者。

在理查德·泰勒(Richard Thaler) 研究经济学中一系列反常现象的早期论文中,最后通牒博弈是核心论题——其中一个反常现象是"在理性选择的分析范式里,需要用难以置信的假设去解释一个经验结果"。但是,正是基于行为主体的效用等于收入的假设,我们就明显打破了理性选择的分析范式。根据理性选择理论的立场和观点,行为主体的效用函数是由行为主体自己决定的。一定程度上,公平准则不能够在行为主体的效用函数中得以反映,正如不能使他们的行为完全与理性选择理论相一致,①其中的原因,没有原理能够加以说明。

然而,人们倾向公平准则,完全不能形成自我解释。那么,为什么

① 为了一定程度上了解关于最后通牒博弈的实验文献,可以参见 Bolton(1991)。另外,还有其他大量的实验文献,也对期望效用理论的有效性提出了更多的关键问题。在这样的背景下,有人试图直接根据行为的规范规则体系对实验的结果进行建模。有关这方面的理论,参见 Güth(1988)和 Güth and Teitz(1990)。

我们会有这样的准则呢？这些准则从何而来？如果说，这些准则作为要素被模型化到个人主观效用函数中，这样的效用函数将如何被广泛接受呢？有人试图从心理学层面对此进行解释。这里很自然地诉诸一般化的现象。对于行为主体来说，最后通牒议价方式分割蛋糕的连续性问题与双方同时独立提出要求的博弈问题，差别很大。在后一种情况下，公平分割蛋糕是一个完全可以被接受的博弈理论解。也许行为主体可以将同时提出要求的情况一般化，并将相应的策略在连续提出要求的情况下加以运用。这能够解释为什么博弈人 1 会提出公平分割蛋糕的方案，但无法解释为什么博弈人 2 会拒绝低于公平分割的方案。我们也许能够通过对一些不同背景的一般化概括，对惩罚行为做出解释。但是，即使如此，我们仍然无法解决相关的演化问题，即为什么公平准则没有在演化过程中消失呢？通常将实物表示的收入增长用来表示演化满意度的提高。① 那么，在最后通牒博弈中能够被观察到的公平准则是怎样演化的呢？

反常规则的演化

当然，一般化在进化论中扮演了一个很重要的角色。就像为一种功能而进化的器官可能被用于另一种功能，因此，在某一类冲突的背景下演化的行为准则，也可能由于相似的冲突背景而触发。最后通牒博弈行为并不只是在最后通牒博弈的背景中演化的。尽管如此（仅考虑

① 富裕家庭生育少、贫穷家庭生育多的论断时常得不到印证。该论断是就生物演化的方向而言的，而非文化演化的指向。尽管如此，反例也很难信以为真。反对者想象到了雅痞直立人（yuppie Homo erectus）在树木稀疏的草原上驾驶着宝马车吗？在绝大多数的演化时间里，实物收益意味着营养充足和忍受饥饿之间的差异，这也与达尔文适宜度非常吻合。

最后通牒博弈背景下的策略演化),对于建立和研究最后通牒博弈模型具有指向意义。我们看到,在适当的条件下,标准动态演化博弈实验中,可以观察到反常行为的发生。

我们将从一个简化的最后通牒博弈开始分析。在该博弈中,每个博弈人都只有两个选择。一块蛋糕被分为10片,博弈人1要么要求得到5片蛋糕,要么要求得到9片蛋糕。像前面所述一样,①,博弈人2要么接受博弈人1的提议,要么拒绝提议。我们将在标准演化博弈论范畴内分析这个博弈状况。

首先,我们必须定义该博弈中的演化策略。博弈人1只有两种策略:要求得到9片蛋糕;要求得到5片蛋糕。博弈人2有四种策略,随着演化过程的发展,他知道在每一种紧急的情况下该怎么去做。他的四种策略分别是:完全接受;完全拒绝;如果博弈人1要求得到5片蛋糕,则接受,但拒绝博弈人1要求得到9片蛋糕的提议;接受博弈人1要求得到9片蛋糕的提议,但拒绝博弈人1要求得到5片蛋糕的提议。

其次,我们不得不在两种演化过程的故事之间做出选择。按照第一种演化过程故事,有两个不同的群体:提议人和处置人。那些担任博弈人1的角色的参与者来自提议人群体,那些担任博弈人2的角色的参与者来自处置人群体。按照第二种进化过程故事,只存在一个群体,群体中的个体有时担任博弈人1的角色,有时担任博弈人2的角色。宾默尔、盖尔(Gale)和萨缪尔森(Samuelson)最近研究了两群体模型。他们得出以下结论:在两个群体中存在某种交流的条件下,反常行为可能出现演化。这就提出了另一个问题:在单一群体中反常行为是否能够演化?毕竟,单一群体的演化过程似乎与我们讨论的现象更加相关。

---

① 在Kahneman, Knetsch, and Thaler(1986)的一个实验中使用了这个简化博弈的变化版本。

这里,每个人都必须选择一个准则作为其博弈的策略,该准则约束他在分别担任两个角色时该怎么做,这样,他就有 8 种可以选择的策略需要加以考虑。表 1 列示了这些策略。我将其中几种特别令人感兴趣的策略给予了相应的名称。尤其是,我们有两种在大多数博弈论的文献中都会关注的策略:S1=投机人策略;S2=公平人策略。(请注意:“拒绝 9”表示“拒绝博弈人 1 要求得到 9 片蛋糕的提议”,或等价地,“拒绝自己得到 1 片蛋糕的提议”。)另外两种被命名的策略将会出现在下面的讨论中。

表 1

	博弈人 1	博弈人 2
S1:投机人策略	要求 9	完全接受
S2	要求 9	完全拒绝
S3	要求 9	接受 5,拒绝 9
S4:疯狗策略	要求 9	接受 9,拒绝 5
S5:从容骑士策略	要求 5	完全接受
S6	要求 5	完全拒绝
S7:公平人策略	要求 5	接受 5,拒绝 9
S8	要求 5	接受 9,拒绝 5

我们假设个体从群体中随机选择,个体之间随机配对;又假设个体担任何种角色也是随机决定的;还假设博弈的收益决定于策略演化的吻合度。由于策略决定了博弈人在担任每个角色时的行为,所以现在我们可以分别计算出 8 种策略的预期吻合度,该结果是由 8 种策略中

的任意两种策略遭遇而产生的。① 取自大群体中的个体随机配对假设与按照吻合度决定的收益一起导致了演化博弈论的动态复制。你可以通过计算机编程来模拟这种动态过程，并且观察群体中实施不同策略的各个局部群体是如何演化的。

假设我们从一个拥有相等策略比例的群体开始研究。公平人策略(S7)灭绝了，而投机人策略(S1)维持下来。但是并非整个群体都实施投机人策略。该群体演化为一个多态状态，这种多态状态由大约 87％的投机人策略和 13％的疯狗策略组成。让人诧异的是，相当古怪的疯狗策略在这里持续存在，疯狗策略拒绝公平的提议，接受不公平的提议。面对策略 5、策略 6、策略 7 和策略 8 时，投机人策略比疯狗策略显得更优，但是，策略 5、策略 6、策略 7 和策略 8 消失的速度比疯狗策略消失的速度快得多。当这些策略灭绝的时候，只要贪婪的博弈人率先行动，疯狗策略与投机人策略的结果则完全相同。

然而，并不是每个拥有初始混合策略的群体都会导致公平人策略的灭绝。假设我们从一个群体开始，该群体中 30％的个体实施公平人策略(S7)，70％的个体均等地使用其他 7 种策略。那么，投机人策略、疯狗策略和其他几种策略会逐渐灭绝。动态演进将群体带到一种由大约 64％的公平人策略和大约 36％的从容骑士策略组成的状态。让我

① 这里是导出的吻合度矩阵。见下列矩阵：

	S1	S2	S3	S4	S5	S6	S7	S8
S1	5	0.5	0.5	5	7	2.5	2.5	7
S2	4.5	0	0	4.5	4.5	0	0	4.5
S3	4.5	0	0	4.5	7	2.5	2.5	7
S4	5	0.5	0.5	5	4.5	0	0	4.5
S5	3	0.5	3	0.5	5	2.5	5	2.5
S6	2.5	0	2.5	0	2.5	0	2.5	0
S7	2.5	0	2.5	0	5	2.5	5	2.5
S8	3	0.5	3	0.5	2.5	0	2.5	0

们尝试着从某个有点模糊的初始点出发，在这个初始点上实施从策略1到策略8的群体比例分别为“0.32,0.02,0.10,0.02,0.10,0.02,0.40,0.02”。动态复制演化过程使该群体达到公平人策略占56.5%、从容骑士策略占43.5%的状态。① “反常的”公平人策略再一次存续下来。

公平人策略再次与从容骑士策略共存，从容骑士策略提出公平分配的提议，但接受所有的提议。在贪婪的策略1到策略4走向灭绝期间，从容骑士策略搭了公平人策略的便车。只要贪婪策略尚存，与公平人策略相比，从容骑士策略就是严格占优的策略；但是，当贪婪的策略被消灭的时候，公平人策略与从容骑士策略的结果则完全相同。

注意另一个真实的现象，即在投机人策略和疯狗策略最后胜出的情形中，在公平分配的提议人趋于灭绝的过程中，投机人策略以完全相同的方式搭了疯狗策略的便车。惩罚那些公平分配方案的提议者是不常见的，但是，疯狗策略恰恰就是这么做的。只要群体中存在一些提出公平分配方案的提议者，投机人策略就严格占优于疯狗策略；当提出公平分配方案的提议者灭绝时，投机人策略与疯狗策略完全相同。在博弈论的术语中，每一种情形中的“搭便车者”都“弱占优于”他的同伴。也就是说，面对一些策略时，“搭便车者”就会有较好的结果，但是，一旦没有策略可以被“搭便车”，其结果就会变得更糟。关于动态复制博弈，还存在一个有趣的现象，即在动态复制博弈中没有必要使弱占优策略消失，②比如我们所说的“反常”的公平人策略。

① 这种状态是动态复制过程中的动态稳定状态，也就是说，任何接近这种状态的状态都保持与该状态的接近。但是，这种状态不是渐进的稳定状态。任何接近这一状态的状态都将处在动态演化过程的论断并不正确。在梅纳德·史密斯和普瑞斯看来，这种状态并非演化稳定状态。

② 据我所知，最早是Samuelson(1988)提出，动态复制博弈没有必要消除弱占优策略。

这与下列事实有紧密的联系,即动态复制博弈不需要遵循模块理性。① 公平人策略并不是模块理性的,这是因为面对不公平提议的时候,公平人策略会选择 0,而不选择 1。如果我们做相反的选择,改变了公平人策略,(也就是说,选择 1 而不是 0),那么就得到一个弱占优策略——从容骑士策略。一些类型的归纳式学习准则排除了弱占优策略。复制导致了特殊种类的动态,该动态允许策略的进化,而这些策略并不是模块理性的。②

在最后通牒博弈中,当我们随机选择初始条件时,动态演化通常会把我们带入多态现象,该多态现象包含弱占优的模块非理性策略。我们要么得到一些公平人策略,要么得到一些疯狗策略。如果我们分析在两个群体之间进行的最后通牒博弈的动态演化,情况也完全相同。在宾默尔、盖尔和萨缪尔森的论文中,该结论并不明显,这仅仅是因为他们没有将疯狗策略作为一个可行的策略。如果纳入疯狗策略,你就会发现,投机人策略与疯狗策略组成的多态现象与单群体模型中的一样。我们得出的一般性结论并非完全依赖于仅有两个可能提议的博弈假设。如果你允许更多可能的提议,最终你会得到一个更复杂的多态现象,该多态现象包含几个弱占优的模块非理性策略。③ 一旦我们增加了选项,动态演化就会生成一系列更加多样的反常现象。

---

① 这里所讨论的此种博弈中,他们是对应的。这是两人博弈的扩展形式,其中双方的策略是对称的,每个人都有自己相应的策略。参见 van Damme(1987)。

② 参见 Samuelson(1988)和 Skyrms(1991)。

③ 威廉姆·哈姆斯(William Harms)探讨了这样一个博弈:博弈的一方可能要求分得蛋糕的份额比例分别是:0.2,0.4,0.6,0.8 或 1.0。对博弈参与者做随机初始选择,实验中的绝大多数轮次(500 次中的 408 次)结果表明,在多态现象反应策略的作用下,人们普遍接受博弈一方分得 0.8 份额比例蛋糕的提议。

发抖的手

到此为止,我们还没有探究模块理性的另一方面的特征。为了对此加以介绍,让我们回到《神曲》。在《神曲——天堂篇》中,但丁解释了月下王国是怎样出现瑕疵的:

若是蜡的质地纯洁优良,若是上天的影响至高无上,那么所有的印石也会发出光芒,但自然造物总有瑕疵,犹如一个艺术家,技艺虽然精湛,但是手却不免发抖。①

即使对上帝来说,也会面对行动失败的问题。虽然上帝的计划很完美,但是,在计划被实施的过程中也会出现瑕疵。如果说,上帝的策略都不能无错误地实施,那么,我们又怎能忽视人类策略在实施过程中出现错误的可能性呢?这就提出了一个关于承诺的理论问题。

正如泽尔滕所指出的,考虑“发抖的手”问题的时候,未能达到模块理性的策略是不稳健的策略。为了说明这一点,让我们回到《奇爱博士》的例子中。假设你一方面建造了世界末日装置,另一方面你又坚持不攻击的政策。但是正如电影中发生的情节一样,一个患精神病的战地指挥官不顾一切地攻击你。此时,实施在模块理性实验中被检验为失败的策略,将使你遭受巨大的损害。如果由于计算机或人类的错误导致情况发生变化,哪怕发动攻击的概率很小,那么建造一个完美的世界末日装置将不再是最优的,建造一个不能发射核弹的世界末日装置将会更好。考虑一下,我们会发现,这种类型的策略情形应当是相当普遍的。考虑“发抖的手”问题的时候,稳健的策略均衡是指那些能够通

① 但丁:《神曲——天堂篇》第13章。整段都是对亚里士多德理论的表述。

过模块理性检验的策略均衡。①

以上所说的观点如何应用到最后通牒博弈中去呢？在一个由公平策略人组成的群体中，提出贪婪的提议将是错误的。但是如果这些错误的提议使得从容骑士策略严格占优于公平人策略，当我们考虑最后通牒博弈中策略演化时，我们是否应该担心“发抖的手”问题呢？事实上，我们应该这么做，因为演化本身也存在“发抖的手”的问题。演化是两个过程相互影响的结果：变异和差异的复制。我们在前面所使用的动态模仿模型中仅仅强调了差异的复制。那么，变异又是怎么样的情形呢？

像人类这样的生物种类进行两性繁殖，存在着两个变异的根源：突变(mutation)与重构(recombination)。在一个无性繁殖的物种中，所有的变异都是由于突变而产生的。突变很少发生，只是在长期的过程中它对生物的进化做出意义重大的贡献。大规模的两性繁殖极大地增加了变异的数量。在每个人的观念中，都存在着孟德尔法则的基因改组。因此，性别加速了进化的过程。② 文化演化也有自身的重构与突变类型。

重构

在演化博弈论中，近来有相当多的注意力集中在对突变的建模

① Selten(1975)将这个思想正式地在博弈论中加以表述，他使用了(发抖的手)完全均衡的概念。在 Myerson(1978)的表述中，使用了更加严格的概念：适当均衡。每一个适当均衡都是一个完全均衡，同时，每一个完全均衡都实施了非占优策略。相对于“发抖的手”的策略，每一个硬线(致力于策略的实施)策略均衡都是稳健的策略，是模块理性的。梅尔森称之为“适当的策略”；克莱普斯和威尔森称之为“序贯均衡”；赛尔顿称之为“子博弈完美均衡”。有关详细论述，可参见 van Damme(1987)。

② 关于自我重构的演化问题，已经有大量的研究文献。相关的重要研究工作，可以参见 Muller(1932,1964)、Maynard Smith(1978)和 Hamilton(1980)。

上,[1]但是,对于重构的关注则较少。[2] 在计算机科学领域中,约翰·霍兰德 (John Holland)和他的学生们一直致力于被称为“遗传算法”[3]的研究,他们抓住了重构问题。复制的策略决定于是否能够达到成功的结果,适合于解决问题的标准是判断复制策略是否成功的标准。重构是通过“交相互换”来实施的。程序的密码偶尔被切成两段,前段密码和后段密码在程序之间发生交换,从而创造出新的程序。这些新程序中的很大一部分是没有价值的,并且随着复制的动态演化而逐渐消失。但是,经过多次循环后,有价值的程序产生了。对于基因算法来说,最成功的应用是解决了针对固定环境的最优化问题。这种重构的思想将怎样应用于博弈论的分析呢?

一个人切断一件物体然后重构该物体的方法,决定于他对该物体基础结构的解析方法。在我们所考虑的广泛的博弈类型内,策略拥有其自然而然的结构特征。我们可以运用这个结构特征,在次策略结构的层面上而不是在程序语言字符的层面上实施重构。如此一来,存在以下策略:如果博弈人 1 要求分得 9 片蛋糕;如果博弈人 2 接受博弈人 1 要求得到 5 片蛋糕的提议而拒绝博弈人 1 要求得到 9 片蛋糕的提议。上述策略就可以重构为大的子策略,即如果博弈人 1 提出得到 9 片蛋糕的方案,并且博弈人 2 接受 5 片蛋糕的提议而拒绝 9 片蛋糕的提议;以及小的子策略,即博弈人 2 面对要求得到 5 片蛋糕的提议时选择接受,并且博弈人 2 面对要求得到 9 片蛋糕的提议时选择拒绝。在关于遗传编程的著作里,约翰·科赞(John Koza)[4]在研究序贯判定问题时

---

① 始于福斯特和扬的讨论会论文(Foster and Young,1990)。

② 有两项研究将重构与动态演化相结合:一个是政治学家罗伯特·艾克洛德(Robert Axelrod,1992);另一个是哲学家彼得·丹尼尔森(Peter Danielson,1992)。另外,豪夫鲍尔和赛格蒙德(Hofbauer and Sigmund,1988)也提出了他们的重构模型。

③ 参见 Holland(1975)。

④ 参见 Koza(1992)。

提出了在子策略结构层面上进行切断和重构的想法。彼得·丹尼尔森(Peter Danielson)将该想法应用于博弈的计算机建模。① 阿克塞罗德(Axelrod)在对多重囚徒困境问题的最新研究中运用了相关技术。②这里,我不想详细探究这些模型的有关细节内容,只是想概括他们提出的有关变异类型的一般观点。

让我们回到最后通牒博弈,回到前一部分的内容所讨论的多态均衡状态上来。在这些均衡状态下,在重构的形式上,"发抖的手"的效果是什么呢?考虑由64%的公平人策略和36%的从容骑士策略所组成的状态,两种策略都是要求得到5片蛋糕的提议,因此在这两种策略之间的重构只能产生要求得到5片蛋糕的策略。两种策略都接受5片蛋糕的提议,因此它们之间的重构只能产生接受5片蛋糕的策略。公平人策略和从容骑士策略之间的重构只能产生公平人策略和从容骑士策略。同样地,在仅仅由投机人策略和疯狗策略组成的群体中,重构无法产生任何新的策略。

上述群体与由选择策略3和策略8的博弈人组成的群体形成了鲜明的对比。首先,我们注意到,面对同类型的策略时,这些策略中的每一种策略都表现不佳,而面对其他类型策略时,每一种策略都有较好的表现。当且仅当群体中呈现出这两个策略时,动态模仿会将群体带入多态均衡状态,该状态中70%的群体成员选择策略3,30%的群体成员选择策略8。其次,我们注意到,策略3和策略8各自拥有三个最小的模块策略,如下表所示:

① 参见Danielson(1992)。
② 参见Axelrod(1992)。

S3(策略 3)	S8(策略 8)
要求得到 9 片蛋糕	要求得到 5 片蛋糕
如果博弈人 1 要求得到 9 片蛋糕,则拒绝	如果博弈人 1 要求得到 9 片蛋糕,则接受
如果博弈人 1 要求得到 5 片蛋糕,则接受	如果博弈人 1 要求得到 5 片蛋糕,则拒绝

从策略 3 和策略 8 的重组中可以产生 8 种可能策略中的任何一种。但是现在与一个几乎全部由策略 3 和策略 8 组成的群体博弈时,投机人策略占优于策略 3,从容骑士策略占优于策略 8,因此,即使是很少的重构也会拆散策略 3 与策略 8 组成的均衡。

这里,重构导致的变异是一个种类相当特殊的变异。差异复制过程中的一些群体均衡通过动态复制过程呈现出来,与其他均衡相比,一点点的重构使这些群体均衡更加稳健。特别地,弱占优和模块非理性的公平人策略的持续性特征与自然之母的“发抖的手”现象具有一致性。

突变

突变是一个不同于其他变化过程的过程。与重构过程不同,突变可以将任何策略转变为另一种策略。然而,设想每一次突变的概率相同是站不住脚的。基于突变机制的运作方式,某些转变发生的概率比其他的转变要高。但是,我们可以假定所有的转变具有确定的概率,因此,即使经过很长一段时间,策略仍将存续下去。乍看之下,这可能意味着在这样的环境下弱占优策略不可能永远存在下去。那些能够与占优策略相抗衡的策略会不断出现,因此,差异复制一定是偏爱占优策略的。在占优策略取代占劣策略之前的问题,并不是简单的时间问题。

情况果真如此吗?

这个结论似乎有点模糊,但它并不是从明确的假设中得出的。这样的结论是正确的:对抗所有类型的突变策略的博弈,一定会赋予新的占优策略比原来的占劣策略更大的再生优势。但是,同时很可能出现这样的情况,突变过程创造了超量的实施占优策略的博弈参与者,从而消解了突变效应。这些微小压力是否能够彼此平衡,或者是否能够不依靠由多种策略组成的群体的比例,不依靠突变比率,不依靠突变的转变概率?①对于“公平人策略、从容骑士策略”多态现象和“投机人策略、疯狗策略”多态现象来说,这些参数很有价值。但是“投机人策略、疯狗策略”多态现象包含更多的谦让策略。在一些似是而非的情形中,从容骑士策略慢慢地取代了越来越多的“公平人策略、从容骑士策略”多态现象,直到贪婪的策略利用从容骑士策略的随和本性进行有利的侵占为止。

无法通过“贾尼·斯基基”式检验的策略能够在“发抖的手”的演化中存在下去吗?演化过程将两种变异结合在一起,其中每一种变异都无法完全对应于“发抖的手”的比喻。重构和突变不只是使博弈人行为出现明显的短暂失误,更使相当一部分新的博弈人选择了一种新的策略。因此,他们不仅改变了确定平均满意度的行为分布,而且改变了群体的构成。他们通过不同的途径实现了这些改变,通过突变能实现一种类型的可能转变,而通过重构无法实现,但是在一个漫长得多的时间范围内,重构也能够完成这些改变。两种变异的来源都无法保证消除那些模块非理性的策略。重构不可能产生那些利用缺陷的策略。虽然影响相当小,但是突变引入了所有的策略,利用了所有的缺陷。无论如

① 注意:尽管转变概率相等,在给定的群体状态下,突变对占优策略将产生有利的影响。考虑策略 1 的概率为 0.948 和策略 4 的概率为 0.052 时的动态复制博弈均衡。如果博弈人向着任一方向转变的可能性相同,突变将会使更多的博弈参与人将策略 1 转变为策略 4,而不是相反。

何,突变可能存在有利于策略变化的动态效果,以此平衡博弈时的弱选择压力。总之,演化不遵守模块理性。

承诺的宗教

民间智慧认为,在承诺和模块理性之间可能存在冲突。在突发的紧急情况下,代理人选择了类似大规模报复的策略,而执行该策略不符合代理人的利益,此时冲突便产生了。然而,我们在实验中发现了违背模块理性的行为,发现了这种行为的存在与演化过程的简化模型相一致。我们能否简单地得出这样的结论:我们在这里得到了非理性的演化?

大卫·高希尔(David Gauthier)和爱德华·麦克莱奈恩(Edward McClennen)这两位哲学家提出了相反的观点。他们指出,当承诺与模块理性产生冲突时,承诺行为应该被认为是理性的。模块理性的概念应该被归入理性的垃圾堆。这就是麦克莱奈恩提出的“果断的选择”学说,①也是高希尔提出的“受约束的最大化”学说的部分内容。② 麦克莱奈恩和高希尔反对民间智慧和博弈论,他们提出了一个全新的承诺宗教。

连贯性观点和最终动机论支持了向着“改革”理性的变化。关于连贯性的争论可以表述为这样一个问题:判定拥有的部署是最优的,与判定实施部署中详细说明的行动不是最优的,这两点是否一致?最终动机是指从理性行为的非限定假设中衍生出道德规范的可能性。

假设你觉得为了威慑效果而建造世界末日装置的行为是理性的,因此你那么做了并且为人所知。当与你敌对的一方首先对你发动攻击,如果世界末日装置能够起作用,那么你将别无选择,除非装置发生

---

① 参见 McClennen(1990)。

② 参见 Gauthier(1986),又参见 Gauthier(1990)的相关论述。

故障。你现在能够选择是否发射所有的核弹。你决定不发射所有的核弹，那么，你的策略是不是不一致呢？我不认为有什么不一致。做出不发射所有核弹的判断，与做出建造世界末日装置是最优的决策判断，二者处于不同的状态之下。做出大规模报复决策的依据是获得了敌方率先发动了进攻的信息。建造世界末日装置的决策与该信息无关，它是基于建造该装置能够防止敌人率先发动进攻的信心而做出的决策。这里不存在令人震惊的东西，很容易被理解，显然不存在不一致的问题。

假设布索的亲属们书写下一份信件，如果遗嘱出现差错便会公开实情，同时让斯基基明白这一点。又假设该信件被意外地损毁了，而斯基基没有得到这个信息。假设不管什么原因，无论如何，斯基基还是将他自己指定为继承人。那么，亲属们是否会很不理性，以断手为代价来实现他们的威胁呢？这里，就我自己来说，更满意于民间智慧，而不是哲学上的创新。①

现在来分析最终动机。让我们从一些历史事实出发，开始我们的论述。1980年，约翰·哈塞尼(John Harsanyi)撰写了一篇关于“规则功利主义”的重要论文。哈塞尼认为，可以从以下两个假设中得出规则功利论者的道德行为：

1. 规则功利主义者进行的是在标准形式下的合作博弈。选择策略的时候，每个人都选择相同的规则，受此限制，他们使社会效用最大化，因此，他们解决了“受限制的最大化”问题。②

2. 规则功利主义者承诺无条件遵循这些规则。

在很多方面，规则功利主义都是一种具有吸引力的道德立场。规则功利主义者是通过合作而实现共同的利益，而行为功利主义者的情

---

① 关于民间智慧的哲学辩护，参见 Kavka(1978, 1983a, 1983b, 1987)和 Lewis(1984)。

② 哈塞尼的术语。

况则不同，他们不是为共同利益而合作。哈塞尼认为，规则功利论者在一定程度上理解了权利和义务，而行为功利论者却不能做到。

如果你能使假设 1 和假设 2 成为个人理性内涵的组成部分，你就能够从理性中推导出道德。我相信高希尔和麦克莱奈恩的思想中都有类似的东西。关于最终动机的概念，首先要说的是，它是一个最终的动机。当从理性中推导出道德的第一步很明显是重新定义理性概念时，从理性中推导出道德的项目就丧失了很多项目本身的价值。其次要说的是，承诺自身通常导致一种道德上值得为之的行为，这样的现象并不明显。我们先前讨论的例子说明了这一点。罗伯特·弗兰克(Robert Frank)①将哈特菲尔德(Hatfield)和麦科伊(McCoy)家族间的世仇作为他的一本书的开篇，该书的主题便是承诺问题。承诺会导致一系列无休止的报应。正如一个模型所描述的那样，考虑一个最近受到广泛好评的策略模型——重复囚徒困境博弈中的以牙还牙的策略模型。在每一轮的博弈中，每个博弈人可以选择合作或背叛。以牙还牙策略从合作开始，之后无论上一轮博弈中另一位博弈人如何选择，下一轮都做出同样的选择。假设两位博弈人都采用以牙还牙策略，并且彼此都明白对方的策略，但是在某些时点，一位博弈人选择时“发抖”了一下，错误地选择了背叛。另一位博弈人会在下一轮惩罚他，被惩罚的博弈人会在随后一轮选择惩罚，周而复始，进入一个无限的循环。② 在这种情况下，对两个博弈人来说，脱离相互惩罚而恢复相互合作将是更好的选择。他们没有依照模块理性来行动。③ 道德哲学家和政治哲学家应该意识到承诺的阴暗面。

① 参见 Frank(1988)。

② 或许直到另一次“发抖”，他们才能够相互合作并回到正确的策略上来；或许他们相互背叛下去，在不再相信对方的道路上永不回头。

③ 在重复的囚徒困境博弈中，以牙还牙对以牙还牙的策略不是子博弈完美均衡结果。

当然，对于理性与承诺之间的关系这一实质性问题来说，与我们关注承诺的阴暗面或光明面几乎没有什么关系。理性不仅仅是一个单词，基于拉姆赛伊（Ramsey）、德·费奈蒂（de Finetti）和萨维奇（Savage）的贡献，我们拥有了一个理性决策理论，该理论是文化遗产的一个重要组成部分。该理论表明，具有丰富的、内在的选择处理系统的策略人，同时具有主观效用和主观可能性判断，所以，他们做出的选择能够使期望效用最大化。假设我们正在讨论这样的策略人的主观与其效用问题。非模块理性策略正是这样一种策略：在特定情况下，要求理性策略人做出他自己不愿意做出的选择。可置信的策略实施需要消除选择的可能性，正如建造了世界末日装置，就消除了选择的可能性。

如果记住了期望效用理论，那么通过某种方式置入承诺，进而修改标准理论的想法，就显得不切实际了。道德理论家不再抨击期望效用理论，转而研究道德行为与期望效用理论一致的条件，这样能够取得更加丰富的研究成果。当同情和公平在策略人的效用函数中被反映出来的时候，并且当策略人按照良好的习惯行为时，策略人保持自己的策略为其带来高水平的效用，这种情况是可能的。①

同样，在最后通牒博弈实验的结果和误将主观期望效用视为描述性理论之间，很显然存在较大的差距。一些博弈人可能喜欢做出公平提议，而且去惩罚那些不做出公平提议的博弈人。为什么他们不应该这么做呢？谁自作主张地告诉他们效用等于货币收入？对公正的考量可以在效用中得到反映。②

与主观期望效用理论形成对照的是，演化理论和实验研究都对有形的收入感兴趣。由于这个原因，动态演化与实验结果之间存在一些相关性。我们发现，那些在收益方面和演化适合度方面为非模块理性

① 参见我在1990年的著作第6章中有关良好习惯的讨论。

② 如Bolton(1991)提出的模型中所阐释的那样。

的策略会得到不断演化。从中可以看到,在主观期望效用理论的框架内使这些策略概念化是多么有用。如果这样来看,那么演化就可以被视为导致物种效用函数变化的原因。可以把内分泌系统和情感因素看作作用于效用函数的有力工具。① 主观效用理论与大卫·休谟对斯宾诺莎(Spinoza)的著名反驳,二者之间并没有冲突。大卫·休谟对斯宾诺莎的反驳是说:"理性是激情的奴隶,并且应该是激情的奴隶。"

演化和选择的模块理性

如果具有合适的条件,演化可能更加偏向于承诺,而不是模块理性。由实施策略的个体组成的,且就达尔文适合度而言是非模块理性的混合群体,能够按照动态复制路径演化。即使我们考虑由重构和突变引起的变异,在长期内那些混合群体中的策略也可能不会被消除。正如我们在最后通牒博弈实验中发现的那样,我们不应该惊讶于发现了这些策略的适度实施行为。

根据戴维森(Davidson)的博爱理论来分析实验对象自身的效用函数,这些策略甚至不需要在满足实验对象自身的条件下使模块理性实验失败。戴维森的博爱理论可作如下表述:"解释字句和关心他人的博爱在另一个方向上同样是不可避免的:正如我们必须最大限度地达成一致意见,或者冒无法理解外国人说什么的风险,因此我们必须使自身的一致性最大化,以便我们感谢'他',却忍受着无法理解'他'的痛苦"。② 该原理的实用意义在于,对其他人行为的博爱诠释,能够使我

① 赫斯莱法(Hirshliefer)和弗兰克提出了这个观点。

② 引自戴维森的《真实与意义》(1967),重印于 1984 年,第 27 页。在书的前言中,戴维森将这一思想归功于奈尔·威尔逊(Neil Wilson),并指出奎因(Quine)在《语言与客体》中将这个理论运用到逻辑学的分析。

们达到一致性最大化。

然而，从演化行为中得出的策略执行过程就是引入自身复杂情况的过程。选择的情形可能受到多条而不只是一条规则的影响，选择者借助规则描述或"设计"情形，使规则变得极其重要。正因如此，在最后通牒博弈中，博弈人 2 可以视为处于一种情形，该情形中他遇到了一个提案，需要在得到 2 美元和一无所获之间做出选择，他采用"越多越好"的规则；或者视为这样一个最后通牒博弈，该博弈中另一位博弈人试图获得不公平的优势，那么，他采用"在最后通牒博弈中拒绝不公平提案"的规则。两种描述都恰当地概括了所处情况的特性，但是规则之间发生了冲突。

行为的演化本身具有一个模块特征。对于每种决策情形都有一种特殊的规则，这种结果是不可能演化出来的。我们不得不通过合并行为模块来解决复杂问题，而行为模块是个别进化的。有用的模块数量可能很充足，以至于在描述问题的特性时产生疑问。各种各样的暗示可能与如何解决疑问相关，①不同的解析会导致不同的决策。② 即使我们搁置不可避免的混乱和错误，在类似最后通牒博弈的情形中，我们

① 包括事实本身的重要性。

② 我将这个理论归功于 Kahneman, Knetsch, and Thaler(1986)的独裁者博弈实验。在这个实验中，参与者都是来自康奈尔大学心理学专业的学生。每一个参与者都被要求在自己和同班的另一位不知名的同学之间分配 20 美元。他有两个方案可选：可以选择 18 美元归自己，2 美元归另一个参与者；也可以选择平分。另一位参与者只能接受他的分配方案，而不能拒绝。有一些参与者会将独裁者博弈完全等同于另一博弈人照单全收的最后通牒博弈。如果参与人采取了最后通牒博弈中的慷慨策略，他会选择实施平分策略；如果参与人采取最后通牒博弈中的贪婪策略，他就选择 18 美元。有些参与者把这个问题简单地视为在 18 美元和 10 美元之间的选择问题。实验的结果表明，76%的学生选择了把钱平分；这个令人吃惊的结果引起了很大程度上的争论。另外一些研究者通过独裁者博弈的实验发现，很小比例的参与者选择了平分策略，可见之于 Forsyth, Horowitz, Savin, and Sefton(1988)，以及 Hoffman, McCabe, Shachat, and Smith(1991)。公平因素究竟有多大的吸引力成为了争议话题，但是公平因素的存在是不容争议的。稳定存在的公平现象与我们这里宣称的理论具有一致性。

也不会诧异于发现大范围的相同行为。

在这一章中我们提出了一些思考,但是,不能说我们已经穷尽了关于公平效应的演化阐释。只能说,我们提出一个更重要的问题,即在有关生死存亡的竞争中,这种行为的存续将具有怎样的可能性？在最后通牒博弈中,这个问题变为那些使模块理性实验失败的承诺策略能否继续存在的问题。答案是:承诺策略能够继续存在,演化不服从模块理性。

第三章

互助[①]

① 本章的内容主要选自我在 1994 年的论文“达尔文遭遇决策逻辑：演化博弈理论中的相关性问题”和我即将发表的论文“论互助”。更多技术分析的细节内容可以在原文中得到。

1862年6月18日,卡尔·马克思(Karl Marx)给弗雷德里克·恩格斯(Frederick Engels)的信中写道:"值得注意的是,达尔文如何通过动植物界重新认识英国社会,这是霍布斯的《每一个人反对每一个人的战争》"。马克思对达尔文的评论有失偏颇。但是在1888年,托马斯·亨利·赫胥黎①(Thomas Henry Huxley)在一篇题为"生存斗争及其施加给人类的压力"的论文中写道:

当最脆弱和最愚蠢的人走投无路时,最坚强和最精明的人幸存了下来,因为他们最能适应环境,但在其他方面却未必是最优秀的。生活就像一场持续的自由搏击,而且超出了有限的和暂时的家庭关系,霍布斯的"每个人与每一个人为敌"的战争便是正常的生存状态。②

赫胥黎有关"腥牙血爪"的描述深受欢迎,具有很大的影响力,这为他反驳社会达尔文主义铺平了道路。之后,伟大的无政府主义者普林斯·彼得·克鲁鲍特金(Prince Petr Kropotkin)在发表赫胥黎的文章的同一期刊上发表了题为"十九世纪"的文章,对社会达尔文主义做了更进一步的批驳。克鲁鲍特金从1890年到1896年的整个时期的文章被结集成书,这本书的名字叫《互助:演化的一个要素》。以下的内容是该书前言的开头:

我年轻时在东西伯利亚及满洲里地区,那里的动物世界中,有两个方面给我留下的印象最为深刻。一方面,绝大部分动物不得不坚持与严酷的自然条件进行极度残酷的斗争……另一方面,即使是在那些动物经常出没的地点,我始终没有发现同属一个种类的动物之间为生存而进行剧烈战斗。尽管我渴望发现这种现象,但是,最终我没有发现这种现象。而大多数达尔文主义者(尽管达尔文本人并非一直持这种观点)认为这种战斗是为了生存而斗争的具有支配意义的特性,而且是进

① "达尔文的一条猛犬"。

② 参见Huxley(1888),第165页。

化的主要因素……

在我眼前展现出来的动物生活中的所有情景，让我看到的是一定程度上的相互帮助和相互支持，这使我将信将疑地视之为维系生命、延续物种和向前进化的一个最重要特征。

克鲁鲍特金坚信，在进化的过程中互助和相互斗争同样起着重要的作用，接着，他继续列举了在动物和人类生活中表现出来的互助行为。

12 世纪生物学的实例有力地证明了克鲁鲍特金的主要结论。自然界中普遍存在着互助和纯粹的利他行为。工蜂以生命为代价抗击掠夺者，捍卫蜂房的安全。面对掠夺者时，虽然保持安静和立即逃离是维护自身利益的最佳选择，但地松鼠、草原土拨鼠、猫鼬、各种各样的鸟类和猴类会用叫声向同伴报警。[①] 夜晚，吸血蝙蝠会在栖息地将血液喂给没有觅得食物的同伴，当吸血蝙蝠需要反哺时，同样也能得到反哺。在生物学的文献中可以查阅到更多的例证。[②]

达尔文充分意识到了自然界中的合作行为。他在《人类的起源》一书中对此进行了详细的论述，可是他无法用自己提出的进化理论解释这种行为。在《人类的起源》一书中，达尔文提出了团队合作的利益，但他的理论需要在个体的成功繁殖方面做出解释。达尔文留给我们这样一个问题：由差异繁殖推动的动态进化是怎样导致稳定的互助和利他行为的？

决策逻辑

在《决策逻辑》中，理查德·杰弗里(Richard Jeffrey)介绍了一种决

① 也许并非所有类型的报警都是利他的，但是，一定有一些报警是利他的。有关例子可参见 Sherman(1977)。

② 有关例证可见克莱伯斯(Krebs)和戴维斯(Davies)著作的第 11～13 章。

策理论的新框架。为了理解他的创新思想，我们首先需要理解杰弗里提议修改的已经广为接受的理论。这个理论就是萨维奇(Savage)的决策理论。① 萨维奇关注的是如何对行为作出评价的问题，而行为的收益决定于周围世界的状态。如果决策人无法确定周围世界的真实状态，他如何评价各种可选择的行为呢？在萨维奇的理论体系中，决策人将行为的价值评定为在不同的世界状态中行为收益的加权平均数。根据他指定的每种世界状态发生的概率，对每种世界状态下的行为收益进行加权。我们将这个加权平均值称为萨维奇预期效用。无论评价哪一个可选择的行为，保持每个世界状态的发生概率不变非常重要——决策人做出最佳判断的概率正好是真实的世界状态。

杰弗里考虑并认为，行为选择的概率可能影响状态发生的概率。他提出，行为收益的平均值的权重应该是以该行为为条件的状态的条件概率，这就是杰弗里预期效用。由于使用的概率取决于行为，因此评价不同的行为时加权的状态也不一样。

为了更好地定义相关条件概率，与萨维奇不同，杰弗里在他的概率空间中包含了行为这个要素。在任何时候，决策人都知道即将采取的行为的概率。在这个理论体系中，决策人甚至可以根据各个行为的概率，对各种可能行为的期望效用进行加权平均，以此计算保持现状不变时的期望效用。我们将这个值称为杰弗里现状期望效用。② 为了今后参考，虽然在杰弗里的决策理论中没有特别的作用，让我们记住在他的理论体系中可以计算出这个令人感兴趣的值。

不管怎么样，将杰弗里的理论体系解释为理性决策体系时有一个难题——问题讨论中的概率仅仅是行动者信心的程度。然而，由于某

① 参见 Savage(1954)。

② 在杰弗里的理论体系中，现状期望效用是类似于期望效用的概念，或者说，是无新信息条件下的期望效用。

些原因,在行为和状态之间可能发生依赖关系,而这些原因并非杰弗里所认为的原因——决策人为了使状态发生而采取行动。对信心程度的依赖明确地反映了行为是对状态把握的体现,因为行为和状态是共同原因的表征。这就使我们对“巫毒决策理论”有了期待,也就是说,将决策分析建立在伪相关性的基础上。①

让我们以“囚徒困境”为例。兰德公司的梅里尔·弗拉德(Merrill Flood)和梅尔文·德雷希尔(Melvin Dresher)设计了一个博弈实验,用以展示博弈的均衡结果可能对参与者不利。他们首先进行了一个很长的系列实验,结果表明通常人们不能在该博弈中达到纳什均衡。对策略结构的重视在时间上先于博弈论。意大利歌剧作家乔柯摩·普契尼(Giacomo Puccini)在歌剧《贾尼·斯基基》(*Gianni Schicchi*)的第二章对最后通牒博弈进行了极其重要的戏剧化描述,在歌剧《托斯卡》(*Tosca*)②中描绘了囚徒困境博弈。在上述歌剧中的有关情节臭名昭著,可以视为19世纪广为人知的功利主义悖论(即个人牟取私利时可能对整体利益造成损害)的最简单的例子。

“囚徒困境”这个术语源自阿尔伯特·塔克(Albert Tucker)在斯坦福大学心理学系讲演时创造的一个故事。③ 两个同谋的犯罪嫌疑人被警察逮捕后隔离审讯,他们每个人都有两个选择:一是保持沉默(与同伙合作),二是坦白认罪(不合作)。如果两个人都选择检举同案犯(不合作),则各判五年;如果两个人都拒不认罪(合作),法官最多只能因拒捕判决他们6个月的监禁。在两个人的选择相同时,很明显,合作对他们最有利。这里有个陷阱:如果其中一人坦白,另一人沉默,那么前者被释放,而后者被判10年。现在每个囚犯都很清楚,无论同伙如何选

---

① 参见 Gibbard and Harper(1981);Lewis(1981);Nozick(1969);Skyrms(1980,1984);Stalnaker(1981)。

② 参见 Poundstone(1992)。

③ 参见 Poundstone(1992)。

择，不合作的结果都要优于合作。如果同伙拒不认罪，那么免于处罚好过 6 个月监禁。如果同伙坦白认罪，那么 5 年徒刑好过 10 年徒刑。

因此两个囚犯都选择不合作，这比他们都选择合作的结果要糟糕得多。在博弈论的术语中，对于每个当事人，不合作策略严格占优于合作策略。也就是说，无论其他参与人如何选择，不合作策略的结果更好。所以，在"囚徒困境"博弈中只存在唯一的纳什均衡，即两个囚犯都选择不合作。

回到杰弗里分析框架中的巫毒决策理论，重复或者近似重复"囚徒困境"为上文提到的难题提供了显著的例证。[①] 假设当权者逮捕了马克思和莫里茨(Moritz)，[②]并且强迫他们进行"囚徒困境"的博弈。

马克思相信莫里茨和他是一样的人，虽然不能确定，但马克思认为莫里茨最终会做出和他一样的选择。实际上，马克思选择不合作时莫里茨也选择不合作的条件概率，与马克思选择合作时莫里茨也选择合作的条件概率，都约等于 1。[③] 即使假设将两人隔离，使各自的选择不会影响对方，马克思的信心也不可能使他的选择与莫里茨的选择不相关。我们有证据表明，该因果独立事件之间存在相关性。

如果马克思运用了萨维奇的理论，在预测莫里茨的每一个选择时，他会对其使用相同的(非条件)概率。因而马克思推测在选择不合作时，他会拥有更高的萨维奇期望效用，这是严格占优策略的结果。但如果马克思运用杰弗里的理论，他会使用条件概率。当马克思选择合作时，由于几乎能确定莫里茨也会选择合作，因此马克思会推算出选择合作的结果；同样，他也能推算出选择不合作的结果。在能够完全确定的情况下，马克思面临两个选择：选择不合作时被判 5 年徒刑，选择合作时被判 6 个月监禁。如果马克思和莫里茨都信奉杰弗里决策理论，并

---

① 参见 Lewis(1979)、Gibbard and Harper(1981)。

② 有关生物学资料，参见 Busch(1865)。

③ 我们假设二者的行为几乎完全相关。

且具有同样的条件概率，两个人都会选择合作。但是他们的合作似乎是以一种不可思议的想法为基础，即他们每个人都认为自己的选择不会对另外一个人的选择产生影响。

为了解决这些难题，杰弗里在《决策逻辑》的第二版中引入了一个新概念：认可性。[①] 杰弗里最初的想法是在考虑的过程期间，条件概率不可能保持不变，但能用排除谬误相关的方法取代条件概率的变化过程。换句话说，假设在决策时状态可能与选择行为无关，在这些条件下，杰弗里期望效用与萨维奇期望效用相等。因此在先前的例子中，期望效用决定于占优策略，选择不合作会使杰弗里期望效用最大化。正如杰弗里自己指出的，认可性并不一定提供解决问题的最佳方案，但是，这个概念本身能够引起人们足够的兴趣。

考虑决策人在临界点上选择行为A的条件概率，使用这些概率时，如果行为A的"杰弗里期望效用"至少等于所有其他行为的"杰弗里期望效用"，那么行为A被判定为可认可的。杰弗里提出，一个有选择价值的行为应该是一个可认可的行为。之所以要讨论"临界点"，是因为当选择一个行为的概率等于1时，其他行为的条件概率就没有了自然的定义。[②] 如上文所示，对"临界"的解释使得认可性概念令人费解。因此，选择临界实施行为A的条件概率，可以解释为在概率空间中沿着某条轨迹收敛于选择行为A的概率的限制条件。限制条件的概率取决于极限收敛的轨迹，而一些轨迹并未排除伪相关。本质上，对认可性的需求并未消除杰弗里决策理论对伪相关的敏感性，但是它从另一个背景下证明了其重要性。

克鲁鲍特金提到的实例中的合作者的行为，类似于在马克思和莫里茨的处境中运用杰弗里期望效用模式进行决策的情形。但是，地松

---

① 关于相关思想的讨论，参见 Eells(1982，1984)。

② 给定B，则C的条件概率被定义为Pr(C&B)/Pr(B)；当Pr(B)=0时，则无定义。

鼠和吸血蝙蝠也会运用“巫毒决策理论”吗？

差异繁殖

让我们回忆一下，动态模仿理论是如何解释差异繁殖的基本逻辑的。主要思想是非常简单的。如果一个策略的收益可以用达尔文适合度(即后代的平均数)来衡量，那么博弈是在决策者自己的动态中进行的。根据实施的不同策略和策略对抗中获得不同收益的一代人中的群体比例，我们便可以得到下一代人的群体比例。

假设 U(A)为策略 A 的平均适合度，U 为群体的平均适合度，那么它们之间的比率是进行判断的决定性数量，即 U(A)/U。在下一代中实施策略 A 的群体比例正好是当代的群体比例与该比率的乘积。① 假设策略 A 的平均适合度大于群体的平均适合度，那么选择策略 A 的群体比例上升。如果 A 的平均适合度小于群体的平均适合度，那么选择策略 A 的群体比例下降。

我们如何将这个概念应用于两人之间的博弈呢？假设群体规模很

① 考虑在离散的时间序列条件下的动态演化系统，群体演化的特征可以通过以下微分方程来表示：

$$p'(A_i)-p(A_i)=p(A_i)[U(A_i)-U]/U$$

如果代际间的时间是小变量，群体演化的特征就可以通过下列微分方程所表示的连续动态演化系统加以估计：

$$dp(A_i)/dt=p(A_i)[U(A_i)-U]/U$$

假设群体的平均适合度为正，那么，尽管变化的速度会不同，但是，反映实施不同策略的群体各部分特征的微分方程的变化路径与下列微分方程的变化路径相同：

$$dp(A_i)/dt=p(A_i)[U(A_i)-U]$$

最后一个方程是由 Taylor and Jonker(1978)提出的，后来，Zeeman(1980)、Bomze(1986)、Hofbauer and Sigmund(1988)、Nachbar(1990)以及 Schuster and Sigmund(1983)的研究中发现了不同层次的生物动态演化，称之为“模拟动态演化”。

大，群体中的个体随机配对后进行两人对称博弈，根据达尔文适合度来决定博弈的收益。那样，我们就可以根据博弈的规则，通过计算在每次博弈时选择策略 A 的收益的平均数，结合实施各种策略的群体构成的平均权重，得出选择策略 A 的平均收益。

泰勒(Taylor)和琼科尔(Jonker)提出动态模仿的概念，这为我们在第一章中提到的梅纳德・史密斯的演化稳定策略概念提供了一个动态基础。这个概念可以表述为，如果所有人都采用演化稳定策略，那么就没有人会采用突变策略。1976 年，梅纳德・史密斯和帕克(Parker)正式定义了这个概念：对于所有的可选择策略 Y，只要能满足以下两个条件中的任意一个，那么 X 就是演化稳定策略。条件 1 是策略 X 与策略 X 组合时的适合度高于策略 Y 与策略 X 组合时的适合度；条件 2 是 X 策略与 Y 策略都适合与 X 策略组合，但 X 策略比 Y 策略更适合与 Y 策略组合。在动态模仿中，进化稳定策略是一个很有吸引力的策略。[①]

该演化理论与理性决策理论和博弈论之间分别存在着令人感兴趣的联系。计算策略的平均适合度就像计算萨维奇期望效用一样。正如在杰弗里的理论体系中计算现状期望效用一样，我们可以通过计算策略适合度的平均数来得到群体的平均适合度。演化稳定策略就是合作博弈中稳定的纳什均衡。[②]

上述的演化模型依赖于许多简化的假设和理想化的东西，因此很容易被质疑。[③] 这里我们把注意力集中在随机配对这一假设上。大量的生物学文献表明，自然界中的配对也许不是随机的，这可能是由于亲戚之间、邻居之间、被认为特征相同的个体之间、先前一直发生令人满

① 在某种意义上，这个命题的逆命题是错误的。动态稳定的群体多态状态是存在的，但是，它们不是演化稳定状态。有关例证，可参见 Taylor and Jonker(1978)。

② 详见 Damme(1987)。

③ 关于随机配对、无性繁殖、策略演化问题，我们的分析基于足够大的群体，所以可以认为期望适合度等于平均适合度。

意的交互作用的个体之间互动的倾向所导致的，或者是由于上述各种互动倾向结合起来作用的结果。① 随机配对得到了数学上的简化形式的表达，并显著地与纳什均衡概念联系起来，但是，如果一个理论包容了各类的非随机配对，那么就是一个关于真实模型的充分的分析框架。我们应该怎样构建这样一个一般性的理论呢？

达尔文与决策逻辑

让我们保留上一部分中的模型，只是做了一点修改，即不再是随机配对。之所以可能出现非随机配对，或者是因为实施相同的策略的个体趋向于生活在一起，或者是因为采用不同策略的个体呈现一些影响

① 生物学文献中关于非随机策略互动的研究，主要见之于汉密尔顿的重要著作(1963,1964,1971)，但是就其源头，至少可以追溯到 Wright(1921)。Hamilton(1964)探讨了“探察”和“区位”是相关行为互动的两个因素。在 1963 年和 1964 年的研究中，他指出，行为的正相关性有利于利他主义的演化。这个观点在 Axelrod(1981,1984)，Axelrod and Hamilton(1981)后来的研究中得到了重新表述，他们指出，在高概率的亲戚间互动的背景下，针锋相对的策略路径会得到发展，从而立足于总是实施不合作策略的群体之中。Fagen(1980)在一次性博弈而非重复博弈的背景下，提出了同样的观点。Hamilton(1971)提出了选型配对和非选型配对模型，其中的选型配对模型与维特的选型配对模型完全一致。Eshel and Cavalli-Sforza(1982)进一步研究了这个命题，他们使用配对的条件概率，精确计算了期望适合度。Michod and Sanderson(1985)和 Sober(1992)指出，鉴于一次性博弈组合的策略，在非相关性演化博弈理论中的重复博弈策略可以被视为相关策略。传统重复博弈的扩展形式的博弈也可以起到策略相关的作用。Feldman and Thomas(1987)和 Kitcher(1993)研究了重复博弈的转化形式，他们发现，选择是否与同一个对手博弈，或者说是否选择重复博弈的概率，决定于最后一次博弈。汉密尔顿在 1971 年的研究中就有了这样的基本思想：“对于合作者来说，并非在丛林中寻找自己的伙伴，而是基于最初的不公正判断，就会从自私的群体中静静地走开，然后到另一个群体中试试运气。这样的结果就是某种程度上的选型配对。”(第 65 页)Wilson(1980)研究了个体与处于隔离状态的子群体的互动模型。尽管子群体是从整个群体中随机选取而生成的，而且在子群体中个体配对也是随机的，但是，子群体的结构导致了相关性的产生(维特在 1945 年的研究中就已经提出了这个基本思想)。Pollock(1989)揭示了汉密尔顿的群体互动演化的相关性后果，在群体的互动演化中，博弈者会处在某个空间结构状态。

配对的感官信号,或者是其他原因。我们想要拥有一个足够全面的理论,它能够包容各类的非随机配对。

现在,生物系统状态的特性必须被界定为有条件的群体构成比例,①即采用给定策略的个体构成,与采用各种各样可能策略的个体构成之间交互作用。(这些个体构成不是固定不变的,而是随着群体构成的演化而发生变化。)现在,通过计算所有可选择策略的平均值,其中将条件比例而不是非条件比例作为平均值的权重,得到个体实施给定策略的期望适合度。在形式上,这正好是指杰弗里在萨维奇期望效用的基础上提出的杰弗里期望效用。

将群体中的各个构成部分实施策略的均值作为权重,可以得出群体的平均适合度。这正是杰弗里的现状期望效用。根据有条件的配对构成,动态模仿机制的作用使我们能够获得相应的效用值,这个效用值就是可以计算的杰弗里期望效用。请注意,虽然现状期望效用函数在杰弗里决策理论中没有特别的作用,但是,在动态模仿理论中却意义重大。

在关联演化博弈理论中,纯策略均衡和纯策略稳定均衡的相关内涵是什么?每个纯策略都是在动态模仿中的一个动态均衡,这是因为潜在竞争者的群体构成比例为零。梅纳德·史密斯和帕克(Parker)正式定义了演化稳定策略概念,前一部分论述中已经对此进行了讨论。但是,前面的讨论仅仅是在随机配对假设的背景下进行的,没有考虑相关性问题。例如根据演化稳定策略的定义,在"囚徒困境"博弈中,不合作是唯一的演化稳定策略。但是,如果相关性的合作者的构成比例足够高,则不合作者的构成比例就会下降。我们需要一个稳定性概念,它能够赋予相关性适当的权重,并且在群体的动态演化过程中,当有条件的配对比例不固定的时候,这个概念能够被用于一般情况的分析。为

---

① 与群体构成比例相一致。

了得到这个概念，让我们回到理查德·杰弗里提出的认可性概念。

将杰弗里的思想直接运用到这个分析背景，我们可以说，当期望适合度趋于稳定时，只要纯策略能使期望适合度最大化，那么，该纯策略是被认可的（当100％的群体采用策略A时，则群体处于策略A的稳定状态）。也就是说，因为存在一些策略的稳定状态的邻域，所以该策略能在那个状态中实现期望效用的最大化（模型中系统的状态被界定下来，从而也就定义了群体构成比例和有条件的配对比例）。

认可性过弱，就不可能有稳定的演化，但是认可性的变化——我称之为“适应性认可”——正是导致稳定演化的确定因素。如果在策略稳定点的所有邻域中，该策略的适合度高于群体的平均适合度，那么我们可以说该策略是适应性认可的策略。（这就是杰弗里现状期望效用的另一种表现形式。）有人认为，适应性认可正是梅纳德·史密斯和帕克提出的演化稳定策略概念的一般实现形式。在无关联性的博弈者的特殊案例中，适应性认可等同于梅纳德·史密斯和帕克提出的演化稳定策略的正式定义。① 如果一个策略是适应性认可的策略，那么它在动态模仿中就是一个强稳定均衡（或有吸引力的均衡）。②

我们看到，杰弗里对理性决策的论述有三个典型特征值，即杰弗里期望效用、现状期望效用和认可性。所有这些特征值在关联演化博弈理论中都起到了重要的作用。

举例

【例1】 让我们来考虑一个重复囚徒困境的极端案例：想法相同、

---

① 参见van Damme(1987)。

② 参见van Damme(1987)。

行为完全相关联的个体被配对到一起。由于合作者与合作者之间进行博弈的适合度要高于不合作者与不合作者之间进行博弈的适合度，结果，合作者在整个群体中就会占据主导地位。这是通过演化过程强占优策略被选择的例子。

【例 2】 相关性通常是不完全的，而且相关条件概率可能决定于群体构成比例。相关性特征还取决于人们对如何呈现相关性的预设。相关性可以通过某种感官察觉来建立。举例来说，合作者和不合作者可能发出不同的化学气味信号。假设相关性的表现方式如下：每个时刻都有一个两步骤的过程。首先，群体中的个体随机配对。如果一个合作者发觉另一个合作者，那么他们两个人相互发生作用；如果一个合作者没有发觉另一个合作者，他们之间就没有交互作用。我们在这里假定希望相互避开的不合作者与希望相互避开的合作者的数量相同。然后，在第一次尝试中没有配对的个体之间再进行随机配对；他们放弃了“侦测”，而是与被配给他们的无论哪一个个体发生交互作用。我们在这里假定侦测是完全精确的，因此合作者之间的不完全相关性完全是由最初没有遇见想法相同的个体的可能性所引起的。（在更现实的模型中，显然要放松“侦测是完全精确的”假设，同样也要放松“在一次尝试后个体会完全放弃侦测”的假设。）

在图 3.1 中，用群体中合作者比例的函数表示合作和不合作的期望适合度。在一个几乎全部由不合作者组成的群体中，所有的个体几乎都不能在第一个步骤中成功配对，差不多所有的合作者和不合作者都终止与不合作者的配对。趋于稳定的不合作策略的极限期望适合度正好是适合度矩阵的右列数值：U(D)＝0.6，U(C)＝0。不合作策略是适应性的认可策略；一个完全由不合作者组成的群体是动态模仿博弈中的强稳定均衡。

可是，不合作策略并不是唯一适应性认可的纯策略，合作策略被证明同样也是适应性认可的纯策略。因为在近乎 100％合作者的群体

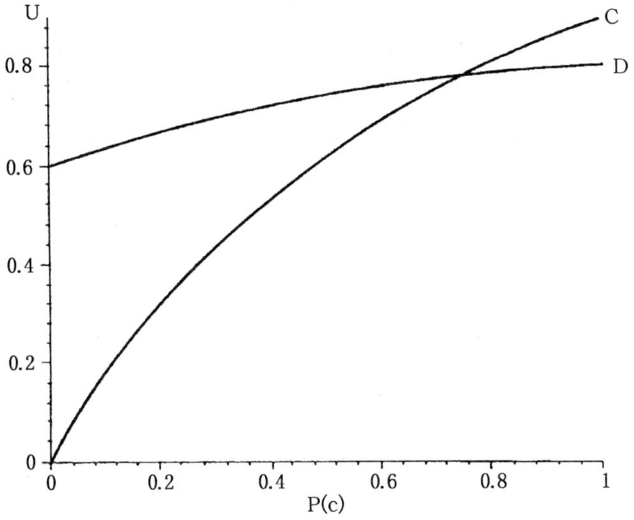

图 3.1

中，合作者通常在第一个步骤中就能与合作者配对。在第二个步骤中，不合作者与第一次配对后留下的个体随机配对，但不会留下很多合作者。结果是合作策略的期望适合度高于不合作策略的适合度。在适合度曲线的交点存在一个不稳定的混合均衡。

这个例子说明了通过在随机配对模型上添加某种过滤器，以此获得关联配对的一般技术方法。它还表明了在演化博弈理论中，多元的适应许可性战略并没有表现出特别不合理。

【例 3】 以双策略博弈为例，该博弈中不包含同样的博弈框架中的适应性许可的纯策略。假设每个策略与这个策略自身相互博弈的适合度为 0，每个策略与其他策略博弈的适合度为 1。除了在配对过程的第一个步骤中个体试图与其他类型的个体配对的情况之外，保持同一个模型中基于相关性的配对频数不变。这时，在大部分由倾向于策略 2 的个体组成的群体中，策略 1 优于策略 2；在大部分由倾向于策略 1

的个体组成的群体中，策略 2 优于策略 1。当一半群体选择策略 1，另一半群体选择策略 2 时，动态模仿使得系统达到一个稳定状态。缺乏相关性的个体最终走向了同一个多态状态，但是与不相关多态均衡相比，这时在相关多态均衡状态中两个策略都得到了更大收益。

【例 4】 这个例子使我们略微脱离了早先的分析框架。群体是有限的群体，动态是离散的、非连续的动态，而且群体构成比例不足以界定系统的状态。正如威廉·汉密尔顿(William Hamilton)在 1964 年强调的那样，当相似个体在空间中集聚时，在缺乏侦测或信号发送的情况下可能会发生相关性的交互作用。汉密尔顿认为，生活在一起的个体组成的非弥散的或“粘连性的”群体更可能发生相互联系。在模仿者模型中，关系是一个要么全有要么全无的东西，而且粘连性的效果十分显著。

对于完全简化的可能空间案例，我们使空间一维化。稳定且有限的很多个体排成一排。除了排头和排尾以外，各自都有两个邻近的个体。假设在每个时间段中，每个个体都与其邻近个体进行“囚徒困境”博弈，之后得到这些博弈收益的平均值。我们假定相似个体集聚在一起，这样，就会有个体组成的小群体沿外围膨胀或收缩。离散的动态模仿驱动着整个群体构成比例的变化(一轮又一轮)。对于相似个体组成的关联性小群体来说，小群体成员的适合度决定了该小群体的膨胀或收缩。这里，系统的状态不仅决定于群体构成比例变化的频数，而且决定于实施各种策略的个体的空间结构。

如果我们在全部由不合作者组成的空间内放入一个合作者，那么该合作者因为只能与不合作者发生交互作用而被淘汰。离散的单个合作者或者由两个个体组成的小群体也同样会被淘汰。从适合该离散系统的意义上来说，不合作策略是强稳定的。然而，如果在空间的中间置入一个由四个连续的合作者组成的小群体，或者在空间的边缘置入一个由三个连续的合作者组成的小群体，那么合作者的平均适合度高于不合作者,同时该平均适合度还会增大。不管怎样,合作策略不会稳定。假设仅剩的最后一位不合作者只能与合作者发生交互作用,因此该不合作者的适合度高于合作者的平均适合度。不合作者不会完全被淘汰,他们将作为掠夺者在由合作者组成的群落外围继续存在。合作策略无法达成稳定。在这个例子中,即使不合作策略是唯一稳定的纯策略,许多可能的系统初始状态都会转变成合作者与不合作者共存的状态。

这些简单的模型说明了演化背景下相关性的重要程度,还表明了相关性能够导致结果的显著差异。

公共物品

由于"囚徒困境"是一般问题的简单原型,因此它引起了哲学家和政治理论家的极大兴趣。由于交互作用的性质,两个企图实现个人收益最大化的交互作用的个体,可能最终情况变得更糟。每个人都宁愿成为合作者群体中的合作者,而不愿成为不合作群体中的不合作者。与普遍不合作相比,普遍合作使每个人的状况更好,但是合作策略既不是梅纳德·史密斯的演化博弈中的演化稳定策略,也不是两个人之间关联非合作博弈中的纳什均衡。

我们看到,如果策略间的对抗充分相关,那么囚徒困境的演化会提供公共物品。这个观点是从囚徒困境的例子中归纳得出的。对于任意演化博弈,如果一个策略与其自身交互作用的适合度高于其他策略,那么这个策略就是严格有效的。因而如果一个策略严格有效,全部由选择该策略的个体组成的群体的平均适合度高于全部由选择其他策略的个体组成的群体。在这个背景下,对于社会哲学的一般问题,一种看法是,演化的适应性过程不仅可能阻碍严格有效策略的稳定性,而且实际上驱动着严格有效策略走向消亡。

一个简单的且几乎不证自明的定理是，如果存在一个严格有效策略，即使该策略是强占优策略，足够高的自相关性的动态模仿会实现严格有效策略的稳定。① 我们发现自然界中存在许多相互关联的机制，这是不足为奇的；在人类社会中许多社会机构提供相关性服务，这也是不足为奇的。② 在现实世界中，达不到完全的相关性。但是，在极端的例子中出现的异常现象，在现实世界中也可能会被发现。

绝对命令

在许多与生物学有关的情形中，相关联的交互作用就是行为的准则。这可能是由与亲属间相互作用的倾向（汉密尔顿的亲缘选择），认同、差别对待和沟通倾向，空间位置，在重复博弈环境下确立的策略[特里夫斯(Trivers)③、艾克斯罗德(Axelrod)和汉密尔顿的互利主义]④造成的结果。为了将相关性纳入演化博弈论而对演化博弈理论作出修改，决定性的步骤正是根据杰弗里的《决策逻辑》计算期望适合度，而不是基于萨维奇的《统计学基础》。

这意味着，类似于在重复进行一次完成的“囚徒困境”博弈中选择合作的策略，被转换为在关联演化博弈理论中的合理概率。演化的适应性过程总是会引导群体行为与经济博弈论引导的群体行动保持一致的看法，这是不正确的。演化论和经济博弈论只有在相互独立的特殊情况下才能是一致的。引入相关性时，这两种理论就各走各的路了。

---

① 参见我的论文“达尔文与‘决策逻辑’”(1994)。
② 一些有趣的例子，可参见 Milgrom, North, and Weingast(1990)。
③ 参见 Trivers(1971)。
④ 参见 Axelrod and Hamilton(1981)。

关联演化甚至会导致强占优策略的锁定。

交互作用的相互关联将继续在文化演化理论中起作用，也许将起着更重要的作用。① 假如这样的话，那么演化博弈理论中相互关联的特征可能对理解社会行为准则和社会机构的演化很重要。涉及社会机构和战略理性选择的社会背景，要求关联演化博弈理论和关联经济博弈论之间发生交互作用。

策略之间的正相关性有利于合作和效率的提高。在完全自相关的有限模型中，动态演化执行了加强康德(Kant)绝对命令的达尔文版本："独自选择，以便在他人做出相同的选择时获得最大的适合度。"违反这条绝对命令的策略会逐渐消失。如果只存在一个服从该命令的严格有效策略，那么该策略趋于稳定。真实世界中没有完全的相关性，但是经常存在正相关性。绝对命令被弱化成一个非常令人感兴趣的趋势，即为获得公共物品而违反个人理性选择标准的策略不断进化。由此我们可以理解为什么克鲁鲍特金的观点是正确的。"……除了相互斗争的法则之外，自然界中还存在着互助的法则。"②

① 参见 Boyd and Richerson(1985)，Cavalli-Sforza and Feldman(1981)，以及 Lumsden and Wilson(1981)。

② 克鲁鲍特金将这个观点归功于圣彼得堡大学的校长凯斯勒(Kessler)教授。凯斯勒在1880年1月于俄国博物学大会上以"互助法则"为题作演讲，提出了这个观点。参见 Kropotkin(1908)。

第八章

关联的惯例

就像有选择自由的人处在两种饭食之间，
这两种饭食又同样刺激他的胃口，距离他也同样远，
他会在把其中的一种送入口齿之前，便因饥饿而先把性命断送；
同样，也像一只小羊处在两头想要把它吞食的恶狼之间，
它对任何一头都怕得心惊胆战；
一只处在两头梅花鹿之间的狗的光景也是这般；
因为在我的种种疑问以同一种方式推动下，
我若缄口不言，我既不会把自己责怪，又不会把自己称赞，
既然这是必需的，我就一声不响。

——但丁，《神曲——天堂篇》①

对称的诅咒

但丁利用了一个古老的观点。阿那克西曼德(Anaximander)认为地球处于宇宙的中心，并且保持静止，然而，他缺乏证明该论点的论据。在《斐多篇》中，苏格拉底(Socrates)赞同相关的准则：如果某样事物保持平衡状态，并且被放置在对称的事物中间，那么该事物将无法向其中一方或多或少地倾斜。2 500 年之后，苏格拉底的预期被物理学家皮埃尔·居里(Pierre Curie)所证实，后者阐明了对称性的普遍原理：原因的对称性会在结果的对称性上再现。在理性决策理论中，居里提出的原理呈现了诅咒的特性。决策者似乎无法在对称的最优选项之间进行选择，在犹豫不决中必然导致无法决策。这种诅咒在何处生效呢？怎样打破这种诅咒呢？

① 但丁，《神曲——天堂篇》，第四章，第 1～9 行。诗句翻译是由阿伦·曼德尔鲍姆(Allen Mandelbaum)完成的。此处注释所指是英文翻译。——译者注

在《哲学家的矛盾》①一书中,巴格达的首席神学教授安萨里(Al-Ghazali)②通过以下问题指出选择理论中的非优要素。③ "哲学家"说:

我们无法令人信服地区分那些类似的事物。如果在一位饥渴的男人面前摆放两杯清水,就满足这个男人解渴的目的而言,这两杯水完全相同。那么这个男人将无法从中做出选择……

但是,我(安萨里)说:

假定一位男士同时面临两个相同的约会,这两个约会他都很喜欢。但是,他无法同时赴两个约会。因此,他只能选择参加其中的一个约会。在这种情况下,如何选择是显而易见的——通过类似事物的作用性质来进行区分。

安萨里的解决办法是假设理性决策者必须拥有某种判断机制,该机制的作用就是在刚才这些情况下提供决策。这个机制可能是什么样子呢? 他是否仅仅抛了个硬币? 假设决策者拥有一个零成本并且可设计的几率装置,它用于判定可选行为的几率。当面临对称的最佳效果时,他会随机选择。但是,安萨里案例中的恋爱者约会应该选择什么样的随机策略呢? 存在无限的随机策略可供选择,每个随机策略都是最

---

① 这里的哲学家是指古希腊的哲学家,因他们的哲学著作而闻名于阿拉伯语世界。安萨里将他们视为当代穆斯林文化中无神论的源头。关于该问题的历史研究的更多内容,参见雷谢尔(Rescher)具有启示意义的论文"无偏好的选择"(1969)。

② 安萨里生于1058年,死于1111年。他于1091～1095年任巴格达尼扎米亚学院的首席教授。1905年辞去教授职务,成为神秘的游士,但是,在他生命中的最后4年里,他又回到了尼扎米亚学院。

③ 在安萨里看来,选择最终不是人类在选择,而是上帝在选择。他感兴趣于"世界一定是永恒的"观点的辩论。既然上帝做出的是理性选择,那么世界就应该早些时间被创造出来;如果说上帝后来创造了世界,那么上帝就是非理性的。这个问题是所有理性选择理论面对的问题,特别是神学理论必须面对的。在神学理论中,认为可能由于某些特殊原因,可以设想上帝的选择是理性的。

优策略。① 引入随机策略不过是使问题变得更加难以解决。②。

在古典博弈论中，这种困难显得特别突出。这是因为当博弈人处于混合均衡状态时，他们所处的情况正好如上所述。在均衡状态下，一位博弈人选取随机策略的收益和纯策略的收益相等（随机策略是从纯策略中随机选出的），从那些纯策略中随机选择的策略得到的收益也是相同的。但是，这里的理论假定是，每位博弈人正好有其自己的均衡策略。

胆小鬼、鹰派与鸽派

在电影《无因的反抗》中，几个少年玩了一个危险的游戏。他们开着车冲向悬崖，第一个转向的人将被认为是懦夫或是胆小鬼，非常丢脸。伯特兰·鲁塞尔（Bertrand Russell）将其引入了国际政策中的战略思想：

自从核武器僵局显露以来，东西方政府采用了杜勒斯先生（Mr. Dulles）所谓的战争边缘政策。我被告知，该政策是某项由一些堕落青年进行的运动的翻版。这项运动被称为“看谁是胆小鬼”。③

博弈理论家为“看谁是胆小鬼”博弈提供了一种简化模型。模型中每个人只有两种选择：“转向”或者“不转向”。如果策略人的对手率先

---

① 对应于在约会 A 和约会 B 之间的概率分布问题。

② 随机选择不可能是无成本的，这样的观点可能不被接受。如果一个人兜里有一块硬币，花掉它可能是成本最低的选择。引入真实的随机策略打破了策略的对称性假设。这里，总会存在一个成本特别低的随机策略。尽管你只有一个硬币，“吃掉 A”而且“吃掉 B”的纯策略的实施要比“抛硬币决定”容易得多。尽管你可以从随机选择中得到额外的奖励，但是你不得不在以下两者之间做出选择：如果是硬币的正面就吃掉 A，如果是硬币的反面就吃掉 B；或者，如果是硬币的正面就吃掉 B，如果是硬币的反面就吃掉 A。

③ Russell(1959)的观点被 Poundstone(1992)所引用。

转向,策略人就能获得最优结果,即自己的地位得到提升,而其对手的地位下降。次优的结果是双方同时转向,相对地位没有变化。再次优的结果是策略人转向时对手没有转向,从而导致策略人的地位下降。但最坏的结果是双方都没有转向,受伤或死亡便成为高概率的事件了。

在其他类物种中,基于类似的原因年轻的雄性之间也会发生类似的博弈。在动物世界背景下,可以观察到的"有限斗争"行为经常发生,梅纳德·史密斯(Maynard Smith)和普瑞斯(Price)在《动物冲突的逻辑》一书中对此进行了探讨和解释。在他们建立的最简化模型中仅仅存在两种策略:鹰派策略和鸽派策略(强硬派和温和派)。鹰派激烈战斗,直到受重伤为止。鸽派致力于展示威胁,但是面对真正危险时迅速逃跑。鹰派遭遇鸽派时,鸽派会逃跑,鹰派获得被争夺的资源。鹰派碰到鹰派时会发生激烈战斗,直到其中一方受重伤退出为止。鸽派之间遭遇时,他们会相互展示武力,最终一方筋疲力尽而不得不退出。"鹰鸽博弈"与"看谁是胆小鬼"博弈拥有相同的结构,鸽派对应于"转向"者,鹰派对应于"不转向"者。①

如果我们考虑经典博弈论框架下的博弈,就存在两种纯均衡:"行"表示转向策略,"列"表示不转向策略;或者,"列"表示转向策略,"行"表示不转向策略。同时也存在一个混合均衡,其中每位博弈人有 5/12 的转向概率。在这两种纯均衡之间的情况是完全对称的:博弈人可以通过相互交换"行"、"列"标签的方式改变阵营。因而对于博弈理论家来说,不存在原理性的决策方法。由于这个原因,理性均衡选择理论选择

① 这里有数字化的例子:赢得争斗将得到 50 单位的报酬;在争斗中失败将一无所获;在争斗中受重伤,则损失 100 单位的报酬;持续时间很长的争斗将损失 10 单位的报酬。这样,我们能够计算出策略的预期收益。如果是鹰与鸽相遇,鹰得到 50 单位收益,鸽一无所获;如果鹰与鹰相遇,双方都有相同的获胜机会,或双方都受重伤,所得预期收益为-25;如果鸽与鸽相遇,在摆出威胁架势的过程中双方都浪费了很多时间,最终每一方都有获胜的机会,因此,预期收益为 15。

了混合均衡，如哈塞尼—泽尔滕(Harsanyi-Selten)追随程序。这将我们带回到安萨里(Ghazali)的理论。① 在混合均衡条件下，所有的策略选择使每个博弈人的期望效用最大化。

当我们考虑演化背景下的博弈时，情况就发生了重大变化。因为"行"和"列"不再拥有个别的特性，"行"转向、"列"不转向和"列"转向、"行"不转向的纯均衡消失了。在一个几乎全部由鸽派组成的族群中，鹰派策略的收益高于鸽派，它们的族群比例不断上升。然而，在一个几乎全部由鹰派组成的族群中，避免剧烈冲突的鸽派策略比鹰派策略的收益更高，于是鸽派的族群比例随之上升。只有混合均衡保持不变，演化动力促使整个群体趋于混合均衡。

动态演化和哈塞尼—泽尔滕追随程序二者都有各自的理由，它们都遵循对称性以及选择混合均衡策略。但是我们应当注意，均衡策略选择问题是要有一定成本的。在用数字表示的混合均衡案例中(5/12鸽派，7/12 鹰派)，刚好超过 1/3 的博弈人发生了鹰派之间的相互伤害冲突。混合均衡的平均收益是 25/4。如果每位博弈人都采取鸽派策略，那么每个人的处境都会变得更好，每个人的收益都是 15。但是正如我们所看到的，这种状态并不是群体的均衡状态。对称性在这里强迫我们达成一种远离最优的状态。

可能有人会说，这仅仅表明族群选择观点的误导属性。② 演化理论并不关注群体的平均适合度。混合均衡中的最差结果与演化论并不相互驳斥，在一定程度上，演化论是一种理性均衡选择理论。如果差异繁殖导致了一个较低的平均适合度，那也仅对该物种有害。这个论点

---

① 参见 Harsanyi and Selten(1988)。

② 这里我所说的并非是指 Wilson(1980)提出的那种族群选择。威尔森讨论的是一个完全理性模型，在模型中每一个个体选择都对族群有利。通过阅读第三章讨论的内容，这一点应当很明显。这里我所指的是在有些策略有利于被选择的族群的假设条件下的族群选择，这样的理论是天真的。

是正确的，但是让我们把它放到一边，否则会低估在演化过程中由自然界任意支配这一假象。

被破坏的对称性

自然界有许多破坏对称性的现象。只要形成雪花，原来的水蒸气的对称性就被破坏了。只要液体结冰，液体的对称性就被破坏了。有这样一个些许不同的情景，考虑一个垂直钢柱的矩形截面，该钢柱受到逐渐增加的垂直压力影响。由于压力不断上升，钢柱将逐渐向左或向右弯曲。（你可以用一根平时搅拌咖啡的小木棍对这个实验进行一个小小的模拟。）

如果钢柱是完全垂直且对称的，那么就没有理由说钢柱会向某一边弯曲而不是向另外一边弯曲。与安萨里观点相同的哲学家可能会指出，既然没有充分理由能够证明钢柱向哪边弯曲，那么钢柱就不会弯曲。实际上，这样的观点可以做如下表述：

> 诡辩学家说，如果一根头发是由相似的部分组成的，被强力拉伸并且拉力均匀分布，那么这根头发将不能被拉断。既然头发的各个构成部分完全相同、拉力均匀分布，那么，为什么头发会在这个部位而不是在那个部位被拉断呢？①

可是，棍棒在压力下折断，钢柱在压力下弯曲。这些现象是怎样发生的呢？

其中的原因可以分两个步骤来加以说明。第一，我们看到随着对钢柱施加的压力不断增加，动态系统也随之变化。没有压力或者施加轻微压力时，钢柱的垂直状态是一个强稳定均衡。如果你想要使钢柱

---

① 雷谢尔翻译，参见 Rescher(1969)。

变形，轻轻地把钢柱弯向一边或另一边，同时释放变形的压力，那么钢柱会突然恢复原状。但是当施加的垂直压力足够大时，垂直的状态变得不稳定。此时向左弯曲和向右弯曲的现象就出现了，这是因为引力均衡中的每个最初状态几乎都偏向一边或另一边。在完全对称的垂直状态中最轻微的扰动都会通过动力被传递到一边或另一边。第二，我们注意到这样的干扰是持续发生的。环境中存在振动，钢柱中也存在分子运动，等等。钢柱本身具有不完美性。因此，即使我们没有切实可行的方法去预测弯曲的方向，钢柱弯曲的现象并没有什么秘密。

生物系统会破坏对称性吗？它们有无数的破坏方法。受精鸡蛋的胚胎成长破坏了对称性；①动物的迁徙破坏了对称性；单性繁殖形成新的物种破坏了对称性。② 也许自然界中存在一种方法去打破"鹰鸽博弈"中令人不快的对称性。

相关性和惯例

我邀请你进入一种起初似乎是乌托邦的神奇想象。③ 在进入博弈状态之前，假定两个人可以通过观察一个随机事件来区分博弈人。你可以把这个假设看作通过公正地抛硬币来判定，硬币的两面分别写上博弈人的名字。假设两位博弈人都遵循以下策略：扔硬币后看到名字

① 这个例子可能会有争论。生物系统会打破对称性，这种观点不是一般观点。

② 在 Stewart and Golubitsky(1992)的著作中有许多例子。其他生物学的例子，可参见 Glass and Mackey(1988)。科林沃克斯(Colinvaux)关于分类与种源区分的哲学思想也具有启示意义。

③ 这里，我想重复本章中前面的注释，即这里我所说的并非是指 Wilson(1980)提出的那种族群选择。威尔森讨论的是一个完全理性的模型，在模型中每一个个体选择都对族群有利。通过阅读第三章讨论的内容，这一点应当很明显。这里我所指的是在有些策略有利于被选择的族群的假设条件下的族群选择，这样的理论是天真的。

的博弈人选择转向，另外一位不转向。博弈人拥有一个共享的随机策略，这样就无须每次单独抛硬币了。该策略是一种均衡。无论硬币哪一面向上，如果另一位博弈人遵循该策略，那么对你来说遵循策略比背离策略的处境要更好。如果你不知道抛硬币的结果，并且被认为会转向，既然另一位博弈人不转向，那么对你来说转向能获得更大的收益。这是一个“相关均衡”——罗伯特·奥曼(Robert Aumann)①将这个概念引进博弈论。现在继续我们的神奇想象，如果博弈人可以在这个相关均衡中进行协调，那么，经过一个长期的过程，最后结果会相当好。博弈人的期望收益将等于鹰派遭遇鸽派时收益的一半再加上鸽派遭遇鹰派时收益的一半，即(1/2)×50+(1/2)×0=25。该期望收益高于在完全由鸽派组成的非均衡乌托邦中的收益。

在《惯例》一书中，大卫·刘易斯(David Lewis)将惯例视为协调博弈的稳健纳什均衡。在奥曼的著作中，似乎很自然地对刘易斯的处理方法进行了拓展，包含了前述的相关均衡。最近，彼得·万德斯拉夫(Peter Vanderschraaf)②对该理论进行了改进。在他的案例中，关联惯例的优点更加明显。这些优点是怎样呈现出来的呢？

关联者的侵入

假设族群中 5/12 为鸽派、7/12 为鹰派，处于不相关的混合均衡中，其中出现了一个遵循“鸽派—鹰派”策略(DH)的突变体：一旦硬币上你的名字向上，你只能选择转向。该突变体对抗族群的策略和族群对抗自身的策略效果一样好，期望收益均为 25/4。但是在和类似的突

① 参见 Aumann(1974,1987)。

② 参见 Vanderschraaf(1995a,1995b,1995c)。

变体相互作用时效果好得多，期望收益为 25。动态演化将使突变体类型锁定。最终，整个群体将由该类突变体构成。

当然如果有个不一样的突变体出现在混合均衡状态中，该突变体遵循“鹰派—鸽派”策略(HD)：一旦硬币上你的名字向下，你只能选择转向，那么，这也会产生与前面的情况同样的效果，最终，整个群体由这类突变体组成。突变体很罕见，并且随机出现。无论哪种突变体第一次出现，它都将接管整个群体。如果两种突变体同时出现，但是出现的数量不同，那么数量较多的突变体将接管整个群体。一旦 HD 突变体或者 DH 突变体接管了群体，新群体就能够抵抗另一种突变体的入侵。因此，我们无法预测群体最终会选择哪一个相关均衡。但我们可以根据假设推测，群体会选择一个相关均衡或者另一个相关均衡。

引入外部随机过程，并且加入 HD 和 DH 策略，则破坏了驱动混合策略的对称性。均衡状态发生了变化，由全局引力场稳定状态转变为不稳定均衡。现在，全部由 HD 或 DH 组成的群体是唯一的强稳定均衡状态，几乎系统的每种状态最终都走向两种状态中的其中一种均衡状态。

通过假定随机过程的存在和假定突变会导致适当策略的出现，我们打破了对称性。这就是突围的相关均衡。这类相关均衡还会通过其他方式自然出现吗？

学习

我们要赋予策略人学习相关性和利用相关性的一些简单方法。为此，我们假设博弈人拥有一组信念，以此确定其他博弈人的选择。另外，我们还假设博弈人会根据观察的频率，不断地改变他们的信念。在我们的例子中，相关的信念是有条件的信念。例如，如果他的名字呈现出来,那么他会选择鸽派策略。参加的博弈人都拥有信念等级作为初始条件,并根据一些从经验中归纳得出的规则来改变信念。[①] 在每一次博弈中,博弈人依照随机过程的结果和博弈人当前的条件概率使得期望收益最大化。[如果两个策略具有相同的期望收益,那么博弈人会随机选择。他(博弈人)会私下里用抛硬币的办法决定选择哪一个策略。]

我们看到,动态学习过程本身会自发地产生相关性。考虑有两位同样的学习者,他们的初始信念等级是不相关的,从“看谁是懦夫”的混合均衡开始。就是说,每一个人都认为无论对方的名字是否出现,对方都有 5/12 的概率选择鸽派策略。我们给系统的初始状态加载了对称性,同时否定任何相关性。现在让这两位学习者不断重复相互作用。他们看到外部的抛硬币结果,博弈人 1 的名字出现了,但是他们的初始信念认为这是不相关的。他们的初始信念认为鹰派策略和鸽派策略都将得到相同的期望收益。[②] 因此每个博弈人的选择由冲动支配(即通过私下抛硬币决定)。这两位博弈人做出的所有四种可能的博弈策略组合就会有某一发生概率:(1)两位博弈人都选择鹰派策略;(2)两位博弈人都选择鸽派策略;(3)博弈人 1 选择鹰派策略,博弈人 2 选择鸽派策略;(4)博弈人 1 选择鸽派策略,博弈人 2 选择鹰派策略。

现在,博弈人学习并改变他们的策略发生概率。如果发生(4)的博弈策略组合,那么在出现博弈人 1 的名字的条件下,博弈人 2 会提高他的信念中有关博弈人 1 选择鸽派策略的概率,博弈人 1 会提高他的信

① 我这里所说的,主要不是有关规则的细节。有关详细的模型,可参见 Vanderschraaf and Skyrms(1993)。

② 这是因为初始信念被假设是与混合均衡一致的。如果博弈人开始于不同的初始信念,重复博弈和学习过程会驱使他们走向混合均衡。(这里,我必须假设,博弈人的各种策略的收益相同,尽管保留到三位或四位小数的收益也是相同的,且策略的选择是随机的。如果追求无限精确,则从混合均衡出发的博弈人再也回不到原来的混合均衡。)

念中博弈人 2 选择鹰派策略的概率。在所有后来发生的博弈中，只要随机外部进程选择博弈人 1，那么期望收益的最大化将导致博弈人 1 选择鸽派策略、博弈人 2 选择鹰派策略。他们被锁定在该条件策略之中。发生(3)的博弈策略组合时，除了策略相反以外，其他情况很类似。发生(1)的博弈策略组合时，两位博弈人都选择鹰派策略，假如出现博弈人 1 的名字，他们都认为对方会选择鹰派策略而提高概率。在下一轮的博弈中，出于对期望收益的考虑，两位博弈人都会选择鸽派策略。该进程被带回到混合均衡，此时博弈策略组合(3)和(4)拥有一个新的发生几率，开始走上相关性的道路。

这就是当发生外部随机事件使得“博弈人 1 的名字出现”的时候所发生的故事。出现博弈人 2 的名字时的故事也恰好相同。相对于这两个条件所产生的相关性信念会通过下列四种方式加以组合：

A. 如果出现博弈人 1 的名字，那么博弈人 1 选择鸽派策略，博弈人 2 选择鹰派策略；反之，则反是。

B. 如果出现博弈人 1 的名字，那么博弈人 2 选择鸽派策略，博弈人 1 选择鹰派策略；反之，则反是。

C. 无论出现哪位博弈人的名字，博弈人 1 均选择鹰派策略，博弈人 2 均选择鸽派策略。

D. 无论出现哪位博弈人的名字，博弈人 1 均选择鸽派策略，博弈人 2 均选择鹰派策略。

C 和 D 的可能性与“谁是懦夫”博弈中的两个纳什均衡相对应；A 和 B 的可能性表示相关均衡的可能性。每一种可能性都是一个强引力场。由于动态学习过程，按照以上任何一种可能性的方向偏离混合均衡状态，都会达到动态学习过程所形成的均衡。

在前述情况下，当博弈人的行为拥有平均期望收益时，我们通过博弈人随意选择的干扰过程打破了对称性。就是说，我们假定博弈人拥有某种随意选择的内在机制，正如安萨里所说的那样，他们一定能够打破原有的均衡，实现新的均衡。但是，回到本章开头时的讨论，那种内在机制应该是什么样的呢？在私下抛硬币的时候，我们如何选择所使用的硬币呢？对于在这一部分中提出的定性观点而言，这些问题都无关紧要。问题是，不同的博弈人所采用的随意选择机制是相互独立的，他们赋予每种策略一个大于零的概率。我们可以通过过程中的其他干扰源打破对称性。一般来说收益可能不是完全相等的，但是可能受到微小波动的影响；博弈人的记忆可能由于受到干扰而不完全。在动态学习机制的作用下，有迹象表明，这些干扰源同样能够引起相关均衡自发出现。[①] 只要一种或另一种干扰存在一点点真实性，那么，动态学习过程就会导致信念和行为的相关性。

如果我们考虑学习规则的类型，这个一般性的论点仍然是成立的。学习规则是指心理学家们为"看谁是懦夫"博弈建模所使用的学习规则。在这里，学习没有被模拟为信念等级的归纳修正，而是被模拟为行为的适应性修正。因此，动物依靠类似于抛硬币所产生的刺激因素，以及通过不断重复实施有关策略的作用，来学习如何选择博弈策略。整个过程受到可能性的影响，并且会自发地产生波动。一旦产生相关性，相关性就会增强。

文化的演化

在前一个部分中，我们假设个体一一配对并与完全相同类型的对手进行一系列的博弈。如果该假设与事实相符，那么给定的配对破坏了对称性，并且达成 DH 相关均衡的概率与该配对达成 HD 均衡的概率是相等的。对称性在一个更高水平的状态下得以保持。如果群体是

① 参见 Vanderschraaf(1994)，Vanderschraaf and Skyrms(1993)。

无限的，那么我们会认为在群体中一定存在这两种策略相同数量的情况。如果个体随机配对，那么对称性的诅咒就会在这个层面上再度出现，这是因为 HD 和 DH 之间的失调会招致灾难。

但是，现在假设群体有限并且足够小。那么就存在一个重要的可能性，即更多的博弈人会学习如何达到某一个相关均衡，而不是另外一个相关均衡。假定在一系列重复博弈之后，博弈人再次随机配对，通过观察或估计在学习过程中某种策略选择的族群比重，博弈人形成了再配对时的相关信念。在群体中(或者在一个估计过程中)的几率不对称会颠覆动态平衡，使其偏向于某个相关均衡，于是，群体就会最终实现该相关均衡状态。

还有另外一种情况，假设存在一个庞大的群体，该群体中的配对并不是随机的，而是受限于小型的子群体。那么子群体会使不同的习惯进化，其中伴随着若干 HD 均衡和若干 DH 均衡，或许还有若干近似的非相关混合均衡。如果群体足够庞大，那么我们会看到在子群体中大范围地破坏对称性的方法。但是，主要的对称性未被诅咒，这是由于群体结构引发的相关性可以允许子群体有效地着手做他们自己的事情。

当一个群体达成了一个相关均衡状态时，或者一个相对独立的子群体达成了一个相关均衡状态时，相关均衡会变成一个习惯或惯例，每一个新生代都会快速学习这种习惯或惯例。在有文化能力的生物群体中，文化会增强那种通过学习而选择的均衡。

旁观者眼中的随机

我们可以看到相关均衡是怎样随着适当外部随机事件的出现而出现的，但是，我们通常在哪里能发现就在眼前的适当随机过程呢？如果我们认为随机过程仅需随机地(大致地)关注相关的博弈人，那么，有关均衡情景的疑问似乎会少得多。首先让我们用一个想象的例子来说明。假设有一个城镇,镇中的十字路口未受交通信号灯控制,事故的发生率非常高。城镇官员设置了交通信号灯,除了显示的颜色是紫色和橙色以外,该交通信号灯与普通的红绿灯完全一样。不幸的是,由于城镇官员的疏忽,他们没有通知民众交通信号灯不同颜色的涵义,没有人会发现这一点,这是因为官员通常在开会,或者不在城镇之中。交通信号灯上显示的颜色并不是随机的,而是相当有规律的。但是对于显示的颜色而言,驾驶员是随机抵达交通信号灯下的,因此,对于每个驾驶员来说,交通信号灯显示的颜色是随机的。即使没有任何官方的公告,对称性也会被自发地打破,民众会最终习惯于某种相关均衡。最终建立起来的规范可能是“橙色的灯亮时前进,紫色的灯亮时停车”或者“紫色的灯亮时前进,橙色的灯亮时停车”。

举一个真实的例子。没有人提供交通信号灯。当两位驾驶员在一个十字路口相遇时,一位驾驶员看到另一位驾驶员从他的右边驶来,后者看到前者从他的左边驶来。正如驾驶员所关心的,从右边驶来还是从左边驶来是一个随机事件。一种相关均衡是“右边规则”,即从右边驶来的车可以先行。实际上该标准是在不断演化中产生的。另外一个可选的规范是“左边规则”,并且这个规范也是完全可以接受的相关均衡,但是这种相关均衡并未得到演化。①

财产权

卢梭(Rousseau)将获取财产的行为看作偷窃行为,将社会契约行为看作欺骗行为。他指出:“第一个人圈了一块土地,还想到要说一句:

① 生物界的非对称性是否引导了人们选择“右边规则”,是一个值得探究的问题。

'这块土地是我的',随后发现大家都天真地相信了他的话,他就是文明社会的奠基人。"①但是对于亚里士多德(Aristotle)来说,财产权是自然权利。他说:"不取他人财物要比给予他人财物容易得多,这是因为对于放弃自己的财物而言,人们更加乐意不取他人的财物。"②

然而,亚里士多德的自然说,在一些经济学家看来存在着悖论。在1991年冬季期《经济展望》杂志中的"反常现象"部分中,卡恩曼(Kahneman)、克奈切(Knetsch)和泰勒(Thaler)对范围广泛的实验文献做出了评价,这些实验文献表明所有权本身改变了人们的态度,改变了商品的价值。在一个实验中,给予西蒙弗雷泽大学的一群学生每人一个西蒙弗雷泽咖啡杯,然后询问他们是否愿意以 0.25 美元到 9.25 美元之间的价格出售该咖啡杯。另外一群学生被要求在得到咖啡杯和相同数量范围的美元之间做出选择。注意,这两个群体处于同等的选择环境,只是优先的所有权不同。每位学生在获得钱和获得咖啡杯的最终状态之间进行选择。然而咖啡杯所有者的出让价格均值是 7.12 美元,同时另一群学生中选择咖啡杯愿意付出的价格均值是 3.12 美元。所有权的事实激发了主体抵制放弃咖啡杯的行为。他们为了保留咖啡杯而损失的金钱高于一开始他们愿意为得到咖啡杯而支付的金钱。许多其他的研究证实了这个一般结论,对我们来说该结论可能毫无疑问,但是作者发现很难通过经济学范式对该结论做出解释。

智人并不是唯一表现出所有权行为的生物种类。③ 领土权是广泛存在的,而且,在一些生物种类中,雄性的行为表明他拥有对一个或多个雌性的所有权。所有者捍卫资源的斗志是否高于获取资源的斗志呢?在许多案例中,情况果真如此。在加利福尼亚,生育的雄性凤蝶占

① 见卢梭的著作,第 109 页。

② 亚里士多德,《尼各马可伦理学》,1120a,第 15~20 页。

③ 评论人指出的是非常正确的,我这里跳过了所有权和占有权之间的区别,也跳过了领土权与财产权之间的区别。在本章中无意于讨论这些区别。

据了小山山顶。如果一个新来的雄性凤蝶到达被占据的山顶,它将受到占据者的挑战,新来的雄性凤蝶在不久之后退却,相互之间没有发生任何肉体伤害。以类似的方式进行实验,两只雄性凤蝶被准许轮流占据山顶。当它们被同时放出时,这两只雄性凤蝶之间展开了长期并且有肉体伤害的争夺。① 有一种蜻蜓,雄性蜻蜓守卫着一小片植被。同样的情况发生了,占据这片植被的蜻蜓只是通过某种态势赶走了侵入者,但相互之间没有发生肢体伤害。如果通过移动两片漂浮的植被混淆所有权,将两片植被连接在钓鱼线上任其漂移,直到所有权建立为止,然后再将两块领地移动到一起,这样,两只蜻蜓就会进行长时间的而且具有损伤的争夺。② 在狒狒③和狮子④中也能观察到这种现象,即通过运用"所有权"的方式来解决对雌性的争夺。

面对演化的压力时,对于这种明显不一致的资源估价行为持续存在,我们如何解释呢?以哪个是所有者和哪个是入侵者为根据吗?梅纳德·史密斯和帕克给出了一个读者很可能预料到的答案。个体同时承担着所有者和入侵者的角色,而个体所认可的自身承担的角色可被看作是随机变化的。那么,"所有者采取鹰派策略,入侵者采取鸽派策略"的策略组合可以被认为是演化的稳定博弈理论上的均衡。梅纳德·史密斯将这种均衡称为"布尔乔亚"策略。虽然梅纳德·史密斯和帕克都没有认识到,⑤布尔乔亚是当"鹰派—鸽派"的对称性被相关性破坏时出现的相关均衡之一。

在"看谁是懦夫"博弈的对称性被破坏的过程中,出现了另一个相

---

① 参见 Maynard Smith and Parker(1976)报告了吉尔伯特的实验。还可参见 Davies(1978)关于相同行为的另一份报告。

② 参见 Krebs and Davies(1993)的讨论。

③ 参见 Maynard Smith and Parker(1978)关于 Kummer(1971)的实验的讨论。

④ Parker and Pusey(1982),参见 Krebs and Davies(1993)的讨论。

⑤ 在论文写出来的那个时候,梅纳德·史密斯和帕克好像没有理解奥曼关于关联均衡(相关性均衡)的涵义。

关均衡策略组合——“所有者采取鸽派策略，入侵者采取鹰派策略”。该策略组合可能使我们感觉很古怪，但它仍然是一个稳定均衡，事实上在蜘蛛这一物种中已经呈现这一均衡。[①] 在另一方面，当布尔乔亚策略表现得十分普遍的时候，这个令人费解的策略并没有广泛地呈现出来。[②] 为什么存在这种差异呢？

有人提出其他非规范的对称性可能在这里起作用。相比入侵者来说，某种资源对于所有者比对于入侵者可能更有价值。例如，为了有效地利用领地，需要对其进行开发。所有者可能已经完成了对领地的开发。对于入侵者来说，如果他赢得了领地，也必须对领地进行开发。所有者捍卫自己的资源比入侵者夺取他人的资源要容易得多。[③] 然而，你可以取这两种对称性的中值，并进行估算，最后我们将会发现这种令人费解的策略仍然是一种演化稳定策略。与布尔乔亚策略和令人费解的策略有关的相关均衡的稳定性，并没有通过引入适度增加的资源估价和适度提高所有者的战斗能力而得到改变，但是，布尔乔亚均衡的引力场将大于令人费解的策略的引力场。

基于这一点，我们关于打破对称性的描述就有了更多的意义。如果相关均衡产生自突变中的一个随机波动，或者学习破坏了“鹰派—鸽派”博弈中不相关混合均衡的对称性，那么资源价值或所有者战斗能力的细微增量会产生重大影响，它将有利于群体走向布尔乔亚均衡，而不是令人费解的均衡。

财产所有权以及许多其他惯例，起源于被破坏的对称性。“鹰派—鸽派”博弈中的策略演化推动群体走向一种多态均衡状态。但是，这种

---

① 参见 Burgess(1976)。Dawkins(1989)的报告中提到，梅纳德·史密斯使这个令人费解的策略引起了他的关注。

② 梅纳德·史密斯和帕克也是这样论述的。

③ 这里存在两种非对称性，一个是“收益的非对称性”，另一个是“获取资源潜在成本的非对称性”。参见 Maynard Smith and Parker(1976)的有关讨论。

“鹰派—鸽派”的对称混合均衡效率如此低下，以至于动态演化放大了与一些博弈之外的随机过程发生联系的趋势。在一个足够丰富的环境中，相关性会自然地发生。有条件的策略会出现在外部随机过程确定博弈人角色的地方。“对称性的诅咒”被自然地破坏了，从而导致相关均衡被锁定。

第五章

涵义的演化

现代语言哲学充满着疑问。维特根斯坦(Wittgenstein)对貌似真实的定义的效力提出了质疑。瑟尔(Searle)认为,在力学或代数学中不可能赋予人为的符号以任何实质涵义,也不能赋予计算机以理解力。但是,瑟尔的观点中没有运用"计算机通过硅片运行"这一事实。他的怀疑论不应该应用到动物身上吗?是否有例为证?[①] 纳格尔(Nagel)认为,神经生理学不能告诉我们蝙蝠的感觉是什么。生物化学能够赋予蝙蝠(或者鲸、黑猩猩)的神经运动过程一定的内涵吗?可是,不同于动物界的人类活动又将是怎样的呢?奎因(Quine)引导我们将自身放在外国文化中一个田野语言学家的位置。一只兔子跑出灌木,一位当地人高声喊叫"gavagai"。这与观察到的事实相吻合,即对于当地人来说,"gavagai"意味着兔子,但是还有许多其他的可能性,也能与观察到的事实相符合。"gavagai"可能意味着跑动中的兔子,或者很好吃,甚至或者是速食兔肉片。(阅读了瑟尔的理论观点后,我们是否应该有这样的认识:有的东西毫无涵义的可能性是存在的?)奎因总结说,如果没有一些事先存在的语言共享系统,那我们就不会知道当地人高喊"gavagai"想要表达的涵义。奎因情愿遵循他的观点,由此得到符合逻辑的结论。理论上说,处于相同文化中的人(交流沟通的那些人)会碰到同样的问题。奎因指出,相对于更加普遍的对归纳法的质疑,他对译文的质疑仅仅是其中一个方面,质疑的基础是,证据不能充分地说明理论。

怀疑论的语言哲学会将我们带向哪里呢?一群有影响力的文学理论批评家比奎因走得更远了。[②] 他们不仅放弃了语言的内在涵义,而且放弃了语言的真实性和直接意义,将语言简化为仅有的文本。但是

---

① 瑟尔本人并没有做这样的转换,即将他的怀疑论用到动物身上。

② 这里用了怀疑主义一词,我不打算对奎因的立场作认真的界定(也不去界定维特根斯坦、瑟尔、纳格尔以及其他任何人的立场)。但是,应当明确的是,以下的论述无意驳斥任何人的观点。

如果没有内涵,那么符号与非符号之间、文本与非文本之间就没有区别。这些理论家应该悄悄地停止这种研究。在探究这个深不可测的理论之后,只有一个简单的期望,就是排除这个怀疑论观点,因为它是非生产性的、需要太多的知识以及忽略了无论证的推论。但是,这些怀疑论者的思考也向"习惯成自然"的认识论者提出了重要的科学疑问。

随意的语言符号是怎样变得与现实中它们所表示的元素联系在一起的呢?单词"black"也恰恰可以有"白色"的意思。看起来涵义的要素是约定俗成的,但是,我们会对相关惯例做何种解释呢?有些惯例是通过协商而确定下来的,有些惯例会代代相传。但是,我们能直接说明最基本的语言习惯是怎样出现的吗?它们为什么会持续存在呢?

信号博弈

大卫·刘易斯在《惯例》①一书中引入了一个简单的信号博弈模型,我们从这个简单信号博弈中可以看到问题的刻板而又基本的形式。博弈人 1——"发送信号的人"——拥有私人信息,他想要将这个私人信息发送给另外一个博弈人——"接受信号的人"。直到最后,发送信号的人拥有可发送的可得信息,但是这些信息没有事先存在的涵义。无论该信息要获得怎样的涵义,信息涵义必须从策略互动中呈现出来。为了准备一个信息交换的平台,我们假设成功的信息交换是符合博弈人双方利益的。

假设存在三种可能的选择状态,每种状态发生的概率相等。信号发送人获知将处于何种状态,而且希望告知信号接收人。最后,他可以

---

① 参见 Lewis(1969)。一般化的表述,可参见 Crawford and Sobel(1982)以及 Farrell(1993)。

发出三种信号中的一种。接收到信号之后,信号接收人在三种策略之间进行选择。如果信号接收人选择在状态 1 时采取策略 1,或者在状态 2 时采取策略 2,或者在状态 3 时采取策略 3,那么信号发送人和信号接收人的收益都为 1;否则,两人的收益都为 0。发信人拥有三种能够发送给收信人的信号:红色信号、绿色信号、蓝色信号。

"发信人策略"是一种规则,该规则规定了对应于每一种状态所发送的信号。举例如下:

● 状态 1 时发送红色信号,状态 2 时发送蓝色信号,状态 3 时发送绿色信号。

● 状态 1 时发送蓝色信号,状态 2 时发送绿色信号,状态 3 时发送红色信号。

● 状态 1 或状态 2 时发送红色信号,状态 3 时发送绿色信号。

● 无论哪种状态都发送蓝色信号。

"收信人策略"规则规定了对应于收到的每一种可能信号所采取的策略。举例如下:

● 收到红色信号时采取策略 1,收到蓝色信号时采取策略 2,收到绿色信号时采取策略 3。

● 收到蓝色信号时采取策略 1,收到绿色信号时采取策略 2,收到红色信号时采取策略 3。

● 收到红色信号时采取策略 2,收到绿色信号时采取策略 3。

● 无论收到哪种信号都采取策略 3。

均衡是发信人策略和收信人策略的配对,它具有这样的性质:两位博弈人都无法通过对均衡的单方面背离而获得更大的收益。在我们上述列举的策略举例中,发信人和收信人选择相同号码的策略实例所组成的配对都达成了均衡;而发信人和收信人选择不同号码的策略实例所组成的配对无法达成均衡。

例如,在发信人和收信人都选取各自策略 1 实例的情况下,博弈人

2 为了获得收益，通常选取最优的行动，因此两位博弈人都得到了最优的期望收益 1。在这种均衡中，博弈人都以“红色信号代表状态 1，蓝色信号代表状态 2，绿色信号代表状态 3”的标准来选择自己的策略。同样地，在发信人和收信人都选取各自策略 2 实例的情况下，他们再次获得了最优期望收益，但此时他们都以“蓝色信号代表状态 1，绿色信号代表状态 2，红色信号代表状态 3”的标准来选择自己的策略。上述两种均衡就是刘易斯所说的“发送信号系统”，他引导我们将“涵义”看作为这种发送信号系统均衡的特性。在第一个均衡中，红色信号意味着存在状态 1；而在第二个均衡中，红色信号意味着存在状态 3。

但是，正如第三个和第四个策略实例所组成的策略均衡显示的那样，并非所有的均衡都是发送信号系统均衡。在第四个实例中，发信人忽略了状态类型，始终发送蓝色信号，而收信人忽略了信息内容，始终选择策略 3。这是一个真实的均衡。假设发信人策略不变的时候，每个收信人的策略都有 1/3 的收益，因此收信人无法通过单方面选取不同的策略而提高收益。假设收信人的策略不变的时候，每个发信人的策略都有 1/3 的收益，因此发信人同样无法通过背离均衡而提高收益。但是在这种“说不清道不明的”均衡中，不存在将涵义置入信号的合理方法。第三个实例处于中间的状态。博弈人都以“绿色信号代表状态 3”采取策略，但是我们无法找到红色信号和蓝色信号的明确涵义。

如果开始时没有事先设定涵义或者信息交流，我们应该如何达到最理想的那种均衡呢？一旦达到那种均衡，我们又为何要保持那种均衡呢？刘易斯回答了这两个问题。因为单方面背离均衡肯定会使情况恶化，所以发送信号系统如同任何习惯一样能够自我维持。如果博弈的结构和博弈人的策略都是共有知识，那么每个人都知道单方面背离均衡不会得到更多的收益。在谢林(Schelling)之后，刘易斯发现惯例是依靠预先的协议、先例或特征的力量选出的。在目前讨论的问题背景下，预先的协议或先例这一没有根据的假设似乎避开了问题。于是就留下了“特征”:“非常显著的自发的协同均衡的唯一性”。刘易斯的“显著”均衡,也就是谢林的“焦点”均衡,具有一些心理学上的强制特性——吸引决策者的注意力。

显而易见的是,刘易斯对涵义的理解做出了重要的贡献。不过,奎因的怀疑论者依然存在疑问。首先,所有的共有知识是从哪里来的呢?相对于我们研究中通过博弈论所解释的共有知识来说,或许对假设的共有知识做出解释需要基于更多的事先的信息交流。如果真的是这样,那么我们绕了一圈又回到奎因所担心的问题。

其次,“显著均衡在哪里呢”? 在我们的小型博弈中已经存在了六种信号发送系统均衡,这六种均衡仅仅在“哪个信号表示哪种状态”这一点上有所差别。如果像假设的一样,即特定颜色代表特定状态时不存在任何内在的原因,就不存在对博弈人来说自然的、显著的焦点均衡。

如果没有焦点均衡,那么发信人和收信人双方各自选择一种策略,策略是某个或其他信号发送系统的一部分,这样就可能发生不协调的策略配对。这样的错误配对可能引发的最糟糕结果是在每个可能状态下使博弈人的收益全部为 0。或许无论收到什么信息,收信人更喜欢通过选择某些给定的策略以使博弈收益更加可靠。该安全策略在三种状态中的任一种状态下保证了一个良好的收益,期望收益为 1/3。现在,关注发送信号系统类型的博弈人的理性开始被揭示出来了。

鸟类的信号发送系统

有些达尔文主义的当代批评家认为,进化论无法解释语言的存在问题。[1] 语言是思想的先决条件，[2]而且，语言是区分人类和兽类的标志。

那么，动物和人类之间的差别在哪里呢？什么事情人类可以做，而在整个动物世界中却找不到任何的信号和端倪？我可以毫不犹豫地回答：人类和动物之间最大的差别是语言，人类会说话，而没有动物能够以任何方式说出一个单词。语言是我们的卢比肯河，没有动物能够跨越它。[3]

进化论无法解释语言现象，只能用“上帝的神明”来解释。甚至今天我们仍然能听到这种观点。

毫无疑问的是，在人类语言和我们在其他动物物种中的发现之间存在一个巨大的鸿沟。但是正如我们所看到的，当代怀疑主义者对信号发送系统的基本面提出了质疑。我们能够发现，信号发送和信息交换活动遍及整个动物世界。

鸟类使用歌声和叫声来传达领地的所有权信息，当入侵者接近时发出警告，以及发出表示准备交配的信号。冯·弗里希(von Frisch)对蜜蜂的舞蹈语言进行了研究，蜜蜂通过舞蹈交换方向、距离和食物源质量的信息。[4] 生活在树上的猴子又是怎样的呢？切尼(Cheney)和赛法特(Seyfarth)研究了肯尼亚长尾猴之间的交流。这些长尾猴群居生活。当猴群中的某个成员发现入侵者时，就会发出警报。不同种类的入侵者具有不同的入侵方式，因此，针对不同种类的入侵者，猴群拥有不同类型的警报声，有蛇来了的警报声、鹰来了的警报声和豹子来了的警报

① 参见 Richards(1987)。

② 哲学家弗里德里希·马克斯·米勒(Friedrich Max Müller)在 1863 年于英国皇家学院演讲的演讲稿中写道：“没有思想的遣词造句与没有遣词造句的思想一样是不可能的。”在《人类的进化》第二版中，达尔文回应道：“这里给出了关于语言思想的多么奇怪的定义！”参见 Richards(1987)，第 204 页。

③ 弗里德里希·马克斯·米勒语，引自 Richards(1987)。

④ 有关目前蜜蜂舞蹈语言研究的总结，可参见 Kirchner and Towne(1994)。

声。其中每一种信号都会引起不同类型的行动:听到蛇来了的警报声后,长尾猴站立起来四处查看地面;鹰来了的警报声会使它们向空中张望;豹子来了的警报声会使猴群爬上最近的树木。警报声在猴群面临威胁时响起,但是当长尾猴单独遭遇入侵者时,它不会发出警报声。

看起来长尾猴拥有的信号发送系统与前一部分讨论的案例非常相似。主要的差别在于发信人并不清楚他是否能够得到一个正的收益。(在后面的论述中,我们会回到这一点。)这个差别使得情势对发信号的促进作用较小,使得长尾猴成功发送信号的事实更加令人印象深刻。

如果猴群(以及鸟群与蜜蜂)能够在没有事先存在的共有知识的前提下成功地发出信号,那么,我们人类同样可以做到,这个事实应该不会让人惊讶。也许,我们应该从生物进化和文化进化的视角对怀疑主义进行重新评价。

“发信人—收信人”的演化博弈

为了最大限度地实现简化,让我们首先考虑这样一种“发信人—收信人”博弈,该博弈仅包含两种状态:T1,T2。发信人可以发送两种信息:M1,M2。收信人可以采取两种行为:A1,A2。我们假定每种状态发生的可能性相同。这将是共同利益的博弈。如果在状态为T1时采取A1行动,或者在状态为T2时采取A2行动,那么两位博弈人的收益都是1,其他情况下收益为0。在这里,发信人拥有4种可能的策略:

S1:在状态为T1时发送M1信号;在状态为T2时发送M2信号。

S2:在状态为T1时发送M2信号;在状态为T2时发送M1信号。

S3:在状态为T1时发送M1信号;在状态为T2时发送M1信号。

S4:在状态为T1时发送M2信号;在状态为T2时发送M2信号。

同样地,收信人拥有4种可能的策略:

R1:收到 M1 信号时采取 A1 行动;收到 M2 信号时采取 A2 行动。

R2:收到 M1 信号时采取 A2 行动;收到 M2 信号时采取 A1 行动。

R3:收到 M1 信号时采取 A1 行动;收到 M2 信号时采取 A1 行动。

R4:收到 M1 信号时采取 A2 行动;收到 M2 信号时采取 A2 行动。

在演化博弈背景下,我们可以针对发信人和收信人隶属于不同群体的情形建立模型,也可以针对同一群体中的个体成员在不同时刻承担发信人和收信人的角色这一情形建立模型。后一情形与我们一直讨论的现象相符合。在这里我们假设每个博弈人一半时间是发信人,一半时间是收信人。个体策略(I)必然由发信人策略和收信人策略组合而成。这样就存在 16 种策略:

I1:S1,R1

I2:S2,R2

I3:S1,R2

I4:S2,R1

I5:S1,R3

I6:S2,R3

I7:S1,R4

I8:S2,R4

I9:S3,R1

I10:S3,R2

I11:S3,R3

I12:S3,R4

I13:S4,R1

I14:S4,R2

I15:S4,R3

I16:S4,R4

(你能够理解为什么我要从最简单的可能发生的实例开始研

究了。)

选取第一种策略 I1 的个体拥有一个信号发送系统。当两位选取该策略的个体配对后进行“发信人—收信人”博弈的时候,他们之间发生交流,无论是什么状态,两个人得到的收益都是 1。策略 I2 同样包含了一个可选择的信号发送系统,该系统置换了策略 I1 的信号发送系统中的信号。I3 是一个畸形的逆向信号发送策略,该策略是通过一个信号发送系统的发信人部分与另一个信号发送系统的收信人部分组合而成的。在一个由选取 I3 策略的博弈人所组成的群体中,收信人通常犯错,每个人的收益为 0。I4 同样是一个逆向信号发送策略。对于其他 14 个策略中的每一个来说,在选取该策略的博弈人组成的群体中,收信人总是采取同一行动,这不是因为发信人忽略了状态而总是发送同样的信号,就是因为收信人忽视了收到的信号。处在这些群体的任一情势下,博弈人将在一半的时间内击中目标,这是因为两种状态发生的可能性相同,各自具有 1/2 的平均收益。当他们承担发信人的职责时,他们与群体中选择 I1 策略的成员配合默契,获得 1 的收益;但是当他们承担收信人的职责时,他们不能协调一致,结果收益为 0。

在这个博弈中哪种策略是演化稳定策略呢?让我们回忆一下梅纳德·史密斯对演化稳定均衡的定义。如果对于其他所有的可选策略 J,满足下列两个条件中的任何一个,那么策略 I 就是演化稳定的策略:(1)策略 I 与策略 I 博弈的收益大于策略 J 与策略 I 博弈的收益;(2)策略 I 与策略 I 博弈的收益和策略 J 与策略 I 博弈的收益相等,但是,策略 J 与策略 J 博弈的收益大于策略 I 与策略 J 博弈的收益。在群体庞大和成员随机配对的假设前提下,上面的定义给出了实施稳定策略的群体不会被选取其他策略的少数突变者入侵的条件。

考虑一个由选取策略 I1 的博弈人组成的群体。他们实现了完全的信息交换(信号传达),平均收益为 1。假设出现了一小撮突变者——共 12 位。他们与选取策略 I1 的成员博弈时,总是误传信号,得到的收益为 0。因此,这 12 位突变者无法入侵该群体。考虑选取策略 I3 的突变者。承担发信人职责时,他们与选取 I1 策略的群体成员配合默契,收益为 1;但是在承担收信人的职责时,他们不能够协调一致,收益为 0。他们的平均收益为 1/2。因此,选取策略 I3 的突变者无法入侵该群体。事实上,每一个其他的突变者策略一定与策略 I1 有所差异,或是发信人策略不同,或是收信人策略不同。与策略 I1 存在任何差异都是对策略 I1 的损害。因此,I1 是一个演化稳定策略。策略 I2 也如此,原因与 I1 类似。这两种包含信号发送系统的策略是演化稳定的策略。

其他策略是怎样的状态呢?逆向信号发送策略 I3 会被其他任何一种策略入侵。该策略总是竭尽全力做出错误的事情,任何与其博弈的其他策略有些时候会导致一定的正收益。因此在与 I3 策略的选取者博弈时,突变者的效果通常比 I3 选取者自身的效果更加好。(让人感兴趣的是,与策略 I3 进行博弈时,另一个逆向信号发送策略 I4 是最强大的入侵者。只要群体中几乎所有成员都选择策略 I3,那么策略 I4 的选取者就能获得近似 1 的收益。)同样地,策略 I4 也会被其他策略入侵。

剩下的 12 种策略又将是怎样的状态呢?由信号发送系统中的发信人一方和忽视信息的收信人一方配对的策略,会被那些保持发信人一方不变的信息但加入了适当的信息接收的信号发送系统策略入侵。① 突变者利用了原有的群体所发送的信号。信号发送系统中的收信人一方与忽视状态的发信人一方配对的策略,会被信号发送系统中那些尽管是相同的收信人一方但加入了合适的发信人一方的策略入侵。此外,在与群体的博弈中,突变者获得的收益要高于群体自身的收益。

最后,存在同时忽视状态和信号的策略。例如策略 I16,无论是什么状态都发送信号 M2,无论收到什么信号都采取行动 A2。选用该种

① 例如,实施策略 I7 的群体会遭受实施策略 I1 的群体的入侵。

策略的群体最难以入侵，这是因为在与该群体博弈时，没有策略会比该群体自身获得的收益更高。但是该群体仍然会被入侵，这是由于在与原所属群体成员博弈时，突变者与原所属群体做得一样好，而在相互之间博弈时，突变者做得比原所属群体个体成员要好。因此，策略 I16 会被信号发送系统 I1 入侵。与原有策略 I16 博弈时，两者都得到 1/2 的平均收益；但是与突变者信号发送系统 I1 博弈时，突变者的收益为 1，而原群体成员的收益仍然是 1/2。请注意，不仅所有的非信号发送系统策略会被入侵，他们也会被信号发送系统策略直接入侵。在我们的信号发送博弈中，所有的信号发送系统策略——也只有信号发送系统策略——是演化稳定的策略。在这里通过案例呈现的论证支持某些一般原则。在信号发送博弈部分引入的任何“发信人—收信人”博弈中，对于一种拥有与状态和策略同样数量信号的策略，“倘若并仅当该策略是信号发送系统策略时，该策略是进化稳定的”。①②

如果信号发送系统正好是演化稳定的，那么当一种策略接管了整个群体的时候，我们能够预期该策略是一个发信号系统策略。但是为什么我们会预期某种策略会接管整个族群呢？尤其思考这样一个事实，即存在的其他发信号系统似乎在所有的相关方面都与该信号发送系统相同。为了回答这些问题，我们需要考虑与该博弈联系的动态演化。我们对两种类型的演化感兴趣，即生物进化和文化演化，这两种演

---

① 在这类博弈中不存在演化稳定的混合策略（或群体多态均衡状态），参见 Selten (1980)。

② 如果信号量多于状态或策略量，则由于技术原因，博弈结果就站不住脚了。假设有四个信号，而仅有三种状态。发送信号系统策略需要明确在一种状态下要发送的信号以及接收到信号后的策略选择。可是，这里还需要明确面对从未发出的那种信号将如何选择策略。所以，我们说信号发送策略是信号、状态或策略对应的策略，在这个方面，它不同于其他博弈策略。如果说信号发送系统策略需要对应性，那么它就不可能是一个演化稳定策略，因为一个突变对称策略行为与原群体策略完全一样，而且策略结果完全一样。但是，如果引入弱稳定性概念或中性稳定策略，那么，信号发送系统策略就是中性稳定策略。参见 Wärneryd(1993)。

化在不同的时间范围起作用。在性质上这两种演化都具备相同性质的适应性过程,而动态复制模型一直被作为这两种演化的一个简化模型在使用。我即将提出的论点在很大程度上与适应性过程的细节无关,但动态复制正是我在分析中使用的动态机制。

由于信号发送系统中的两种策略之间的对称性,群体肯定存在一个均衡状态,该均衡状态中一半成员选用信号发送系统策略 I1,另一半成员选用信号发送系统策略 I2。在一半时间内,博弈人与选用相同系统策略的同伴配对,信息交换后收益为 1;在另一半时间内,他们与其他信号发送系统策略的选用者配对,信息错误交换后收益为 0。每个系统拥有相同的平均收益,即 1/2,因此趋向于更大收益的动态机制无法使群体比例发生变动。然而这种均衡是动态不稳定的。如果超过一半的群体成员使用两种信号发送系统中的一种,那么就会得到更多的收益。族群比例上升,并且逐渐接管整个群体。如果群体仅包含竞争性的信号发送系统,在系统中存在干扰,那么混合均衡将不会继续存在,其中一个或另一个信号发送系统将被选出。选取哪个发信号系统是一个几率问题。

如果我们仅仅在信号发送系统之间进行选择,那么动态演化就回答了基于理由不充分的怀疑论观点。当更多的策略进入我们的视野时,动态演化给出的答案是否依然站得住脚呢?让我们从逆向发信号系统策略 I3 和 I4 开始我们的讨论。这些策略在与自身博弈时效果非常差,但是彼此之间博弈时效果却非常好。在一个几乎全部由策略 I3 的选取者组成的群体中,大多数博弈人会与策略 I3 的选取者进行博弈,I4 选取者的平均收益高于 I3 选取者的平均收益。在一个几乎全部由 I4 选取者组成的群体中,I3 选取者的收益更高。如果群体中仅有这两种类型的博弈人,负反馈使群体趋向于一种动态稳定状态,该状态中一半的群体成员选取逆向发信号策略,另一半群体成员选取另一种策略。这是一种不好的预兆吗?是否预示着锁定信号发送系统的多态陷阱的存在？这种担忧会因我们观察到以下事实而被减轻：将一种信号发送系统策略引入群体会破坏这种逆向信号发送的多态现象的稳定性，从而导致信号发送系统被锁定。这种动态过程在图 5.1 中得到了总结性显示。从群体呈现的三种策略的任意混合策略开始，系统都将向着锁定信号发送系统的方向演化。如果我们同时考虑所有的信号发送系统和所有的逆向信号发送系统，情况几乎相同。现在有一条多态均衡线，在这条线上的信号发送系统占有均衡的群体比重，逆向信号发送系统同样占有均等的比重，但是这些均衡都是动态不稳定的。① 对于几乎每一个呈现了这四种策略的群体状态，动态过程都驱使系统锁定一种或另一种信号发送系统。

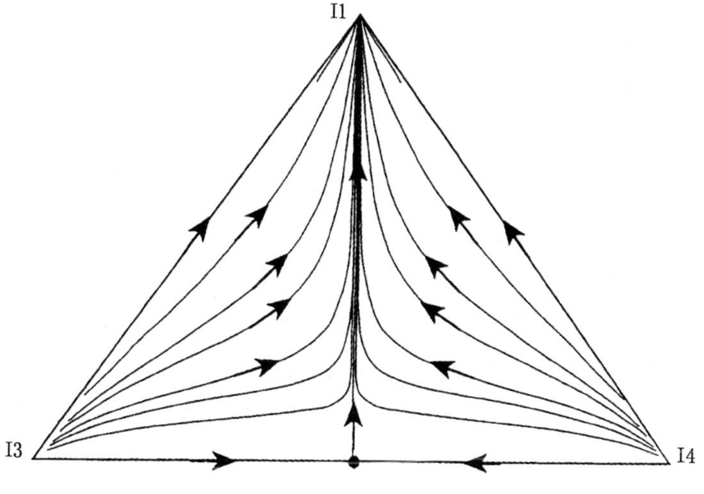

图 5.1

① 虽然动态过程使系统取向于这样的结果，即 pr(I3)＝pr(I4)。当群体中实施逆向信号发送策略的个体构成相等时，则导致对结果 pr(I1)＝pr(I2)的偏离。如果某一个信号发送系统的策略数量略大于另一个信号发送系统的策略数量，那么，这个信号发送系统的策略就会成为整个群体的策略。

如果我们将信号发送博弈的所有 16 种策略都加以考虑，那么就有可能出现更多的多态均衡状态。为了观察完整博弈中涵义出现的概率，我用计算机进行模拟，随机挑选初始的群体比例，[①]运行动态复制模型，直到均衡建立为止。这里的模拟与第一章的讨价还价博弈中对多态陷阱的显著引力区域的模拟，是完全相同的模拟类型。但是在这里动态演化总是收敛于两种信号发送系统中的一种，向任一种信号发送系统收敛的群体比例大致相等。这样的动态演化使我们无法看到所有其他均衡，无论是纯均衡还是多态均衡。

回想一下反对刘易斯观点的怀疑论，尽管我们将结束关于信号发送博弈部分的论述，但两种怀疑论的观点依然存在：(1)由于信号发送系统的对称性，所以不存在显著均衡或焦点均衡。当不存在充分理由的时候，又怎么可能选择某一个信号发送系统呢？(2)在不考虑信息交换问题的前提下，如何解释刘易斯所要求的共有知识的存在？让我们在演化过程的背景下重新评价这些反对的论点。

对于第一个反对论点的回答，只有从对动态演化的关注中获得。几乎群体的每一种状态都是由动态演化推向一个或另一个信号发送系统。"涵义的出现是一件确实可靠的事情。"选取哪一种信号发送系统决定于群体大的初始比例。即使群体不可思议地进入一个多态均衡状态，而该状态中呈现了不同的信号发送系统，那么该均衡状态将是不稳定的。系统中任何微小的随机波动或干扰都将使其走向一种或另一种信号发送系统均衡。"选取哪种发信号系统是一个几率问题，而不是一个显著性特征。"

第二个问题的答案是演化过程解释了信号发送系统均衡的稳定性，在缺乏共有知识或者根本没有共有知识的情况下，信号发送系统均衡也是完全稳健的。这样的思考不属于理性选择理论的范畴，而是差

① 着眼于正态概率分布。

异繁殖过程的范畴。在人类文化演化的某些特殊案例中,有人可能认为演化过程会收敛于共有知识,但是,预设共有知识的存在性是没有必要的。

利他主义者的信号

现在,我要回到长尾猴群的信号发送系统。在刘易斯看来,[①]该信号发送尽管是一种令人感兴趣的信号发送系统,但是,它是不成功的信号发送系统。关键点是发信人没有通过信息交流获得个人利益。它已经注意到了入侵者。事实上,与采取其他行动相比,发出警报声非常可能使发信人暴露在一个更加危险的境地之中。如果引起入侵者的注意,警报声很可能直接使入侵者将发信人作为攻击目标。发出警报声会略微耽搁发信人针对入侵者的自卫反应。当然,收信人能够从信号中得到充分的信息,但是为什么发信人要给自己增加麻烦呢?

这就提出了对"发信人—收信人"博弈的修正,即发送信号要付出一个微小的成本,而保持沉默则不需要付出任何成本。[②] 考虑一个模型,个体在 1/10 的时间内承担发信人的角色,在 9/10 的时间内承担收信人的角色。(我们可以把发信人的角色看作岗哨职务。)有四种发信人能够发现的信息状态,即 T1、T2、T3、T4,我们可将这些信息状态分别看作为鹰、蛇、豹子、没有明显危险。大多数时间内没有明显危险。

① 当按照演化适合度的标准衡量收益时,在刘易斯看来,这是一个不成功的信号发送系统。这些问题涉及我分析的动态演化中的相关受益问题。但是,刘易斯也提出了人际关联,从这个明显的偏好出发,刘易斯的人际关联也就是刘易斯的信号发送系统。利他主义者偏好成为利他主义者。

② 这里不去对长尾猴的信号发送系统进行精确建模,而只是信号发送策略中的利他主义特征。

我们假设平均来说，对于T1、T2、T3，发信人有1%的时间处于其中每一种警报状态，而在97%的时间内处于常态。

收信人有四种可以实施的行动，即A1、A2、A3、A4，我们可以将这四种行动看作针对鹰、蛇、豹、没有明显危险分别采取的适当行为。在任何状态下，适当的行动都将使收信人得到1的收益，任何不适当的行动会使收信人的收益为0。存在四种信息，即M1、M2、M3、M4，其中M4是一个保持安静的无效信息。我们假设前三种信息有微小的发送成本，即(−0.01)，而第四种信息没有发送成本。发信人无法从它的行动中得到任何利益，如果它发送无效信息M4，那么它的净收益为0；发送其他三种信息的净收益为(−0.01)，这是发出警报声的成本。

该博弈中的下列策略是根据长尾猴群的发信号系统得出的：

【发送信号(SIG)】

承担发信人角色，则策略如下：

如果发生状态T1，那么发送信息S1；

如果发生状态T2，那么发送信息S2；

如果发生状态T3，那么发送信息S3；

如果发生状态T4，那么发送信息S4。

承担收信人角色，则策略如下：

如果收到信息S1，那么采取行动A1；

如果收到信息S2，那么采取行动A2；

如果收到信息S3，那么采取行动A3；

如果收到信息S4，那么采取行动A4。

根据标准演化博弈论，该策略不是演化稳定策略。

实施这一策略的个体组成的群体会遭到“搭便车者”的侵入：

【“搭便车”状态(Free)】

承担发信人角色，则策略如下：

如果发生状态T1，那么发送信息S4；

如果发生状态 T2,那么发送信息 S4;

如果发生状态 T3,那么发送信息 S4;

如果发生状态 T4,那么发送信息 S4。

承担收信人角色,则策略如下:

如果收到信息 S1,那么采取行动 A1;

如果收到信息 S2,那么采取行动 A2;

如果收到信息 S3,那么采取行动 A3;

如果收到信息 S4,那么采取行动 A4。

这些突变者留意原群体的警报声,但是它们自己从不发出警报声。

搭便车的突变者可能接管整个族群,但是它们也不是演化稳定的状态。考虑新的突变者,它们与最初的搭便车突变者之间的差异仅仅在于作为收信人收到信号 S1～S3 时采取的行动不同。新的突变者并没有做得比原群体成员更好,但它们也不会做得更差,这是因为原群体成员和新突变者都不曾发出这些信号。然而,选取信号发送系统策略的突变者会被排除掉,这是因为它们作为收信人时无法从原群体成员获得信息,作为发信人时因发出警报而付出成本。

我们应该怎样认识这种明显的反常现象呢?我们的模型一定存在缺陷。标准模型是以演化稳定策略的标准定义为基础,并以群体成员随机配对为假设条件的。长尾猴喜欢相关个体的小型群居生活。一个典型的长尾猴群有 1～7 只成年雄猴、2～10 只成年雌猴,以及它们的后代。通常雌猴自出生后就一直留在猴群之中。雄猴在性成熟后移居到邻近的猴群。[①] 用汉密尔顿的术语来说,即存在相当大的族群粘性。

正如我们在第三章中所看到的,这正好是可以预期的利他行为得以发展的那类情形。根据演化博弈论的观点,通过族群粘性引发的正相关性很重要。与从所有的长尾猴群中随机选出的其他个体博弈相

① 参见 Cheney and Seyfarth(1990),第 22 页。

比,选取给定策略的个体更加可能在与它自己的族群相互作用时遇到其他选择相同策略的个体。

当我们引入正相关性的时候会发生什么呢?让我们集中在一个重要的场景上,该场景是发信号系统和相关的搭便车者系统之间的相互作用的场景。发送信号(SIG)和搭便车(FREE)之间的博弈具有"囚徒困境"博弈的结构。搭便车策略严格占优于发送信号策略;也就是说,无论是与发信号策略博弈还是与其他搭便车策略博弈,搭便车策略的效果都要更加好。但是每个人都选取发信号策略时的个体状况会优于都选取搭便车策略时的个体状况。①

我们现在介绍一个相关性的简化模型,在该模型中被假设的正相关性由参数 e 决定,e 的范围在 0 和 1 之间。如果 e=0,表示完全不相关;如果 e=1,表示完全相关;博弈中个体总是与实施相同策略的个体相遇。②

"囚徒困境"博弈的结构中明确地显示,完全相关的发信号策略选取者会使搭便车策略选取者消失,这是因为发信号策略选取者与同类博弈的效果优于搭便车策略选取者与同类博弈的效果。但是对可能存在的发信号策略来说,在这里需要获得多大的相关性呢?非常小!运用第三章中提出的相关演化博弈论,我们能看到在 e=0.000 12时,发

① 关于收益、作用频率、状态频率和发送警报的成本,我们作出特定的数字假设,从而给出如下适合度矩阵:

	发送信号	搭便车
发送信号	0.899 999 7	0.872 997
搭便车	0.900 000 0	0.873 000

② 这是在第一章介绍的相关性模型。相关性参数 e 的变化范围为 0~1。

$$p(SIG|SIG)=p(SIG)+e\times p(FREE)$$
$$p(FREE|SIG)=p(FREE)-e\times p(FREE)$$
$$p(FREE|FREE)=p(FREE)+e\times p(SIG)$$
$$P(SIG|FREE)=p(SIG)-e\times p(SIG)$$

信号策略选取者能够征服并且使搭便车策略选取者消失。①

当然，发出警报的成本较高时，会提升发信号策略演化所需获得的相关性，不在入侵者面前预先发出正确警报的成本较高时，使该相关性下降。但是，即使没有对全部博弈框架进行广泛分析，我们已经能够提出一个一般性假设。就是说，在适度的正相关性前提下，利他主义者发信号行为的动态演化与“发信人—收信人”博弈中随机配对的发信号动态演化非常相似，后者的目标是在“发信人—收信人”演化博弈过程中获得共同利益。

巴别塔

现在，整个世界拥有一种语言和一种共同的话语……但是上帝下来看到了人类正在建造的城市和巴别塔。上帝说：“如果人类像开始一样使用同一种语言，那么对他们来说，没有什么他们想做的事情是不可能的。来吧，让我们下去混淆他们的语言，这样一来，他们就无法相互理解了。”于是，上帝将人类分散在整个地球上(《创世记》Ⅱ：1—8)。

直到现在，本章考虑过的模型中，只有一个信号发送系统策略接管了整个群体。这种案例在自然界中并不常见。对于一个近似先前所述案例的简单例子，我们只需要从肯尼亚转移到喀麦隆就能够看到：

在喀麦隆的热带稀树大草原生活的长尾猴群有时会被野狗攻击。当猴群看到野狗的时候，它们的反应和安博塞利国家公园的长尾猴群看到豹子的反应几乎一样；它们大声发出警报，同时爬上树木。然而在喀麦隆的其他地方，长尾猴群生活在森林中，它们会被有武装的人类捕猎。捕猎者在猎狗的帮助下追捕猴群。在这种环境下，大声的警报和

① 当 e=0.000 1时，搭便车者会使发信号者消失。

飞身上树只会提高猴群被射杀的可能性。因而,猴群针对猎狗的警报声短促、从容,提醒其他猴子安静地逃进密集的灌木丛,使人类无法继续追踪。①

对于长尾猴群中相对分散的子族群来说,我们看到了信号发送系统的一些适度差异化。这是在演化博弈论中相关性重要作用的另一个显著案例。在当地的信号发送系统中会出现差异,这是因为我们无法得到所有长尾猴群之间的随机配对。

该案例使人们认识到这样的事实,即在真实生活中的信号发送,可能的状态、信号和行动都是无约束和限制条件的。只有在模型中它们才是有严格约束和限制条件的。因此,除了我们在肯尼亚的长尾猴群发送信号行为中看到的那些状况之外,在喀麦隆的热带稀树大草原上采取信号发送策略的长尾猴群面对的是一个新状况:野狗的入侵。通过置入这个新状况来考虑对信号发送博弈的修正,猴群必须扩充它们的策略以便应对这个新状况。如果它们没有创造新信号或者新行动策略(除非有需要,否则它们不会去创造),它们就难以适应新的状况。发信者可以通过下列方式中的一种方式来扩充发信者策略:

- 在发现野狗的状况下,发出蛇来了的警报声。
- 在发现野狗的状况下,发出鹰来了的警报声。
- 在发现野狗的状况下,发出豹子来了的警报声。

自然选择偏向于第三种扩充方式。虽然在刘易斯看来,这并不是一个完美的信号发送系统,但是,该系统是可以完全胜任的。就技术原因而言,该系统不是一个完美的信号发送系统,因为它没有区分针对野狗和豹子的信号。这并不会给猴群添加麻烦,因为相同的行动策略对"野狗"和"豹子"入侵这两种状况都适用。我们可以通过一个决策建模

---

① 参见 Cheney and Seyfarth(1990),第169页;他们还提到了 Kavanaugh(1980)的有关论述。

来恢复信号发送系统的状态，这里将豹子和野狗的入侵看作同一种状态。

迁徙到喀麦隆森林的长尾猴群有一个非常困难的时期，即将猎狗的入侵并入它们的信号发送系统。收信人针对蛇、鹰、豹的行动策略不能作为针对猎狗和携带武装的主人的逃脱行动策略。它们所需要的是发现有效的逃脱行动策略，以及通过摸索过程，创造一个不显眼的信号。关于摸索过程，我们不试图在这里建模。一旦场景中包含这些东西，理解差异繁殖如何锁定被强化的信号发送系统并不困难。

欺骗

如果存在欺骗，首先必须要有一个信息交换的方法。但在自然界中确实会发生欺骗。关于什么时候会发生欺骗，我们能有一些什么看法呢？在信号发送博弈和“发信人—收信人”博弈的进化部分，我们曾经讨论过刘易斯的信号发送博弈，在该博弈中并没有发生欺骗。在信号发送系统被锁定之前，可能会发生错误的信息交换，信号发送系统在运行过程中也可能有错误发生。但无论是在动态上还是在结构上，信号发送系统均衡都是强稳定均衡。少量的突变者或者收益上的微小变化都不能对均衡产生干扰。我们不会观察到持续的系统性的欺骗。

如果我们去研究利他的发信号博弈，这在利他主义者信号发送的部分中讨论过，那么信号发送系统均衡是非常不稳健的均衡。相对于通过随机配对博弈而预期得到的均衡而言，基于相似策略之间的博弈更加容易得到动态稳定演化均衡。一旦发信号策略选取者差不多接管整个族群，相关性就会减弱。搭便车策略选取者更愿意碰到发信号策略选取者，而不是其他的搭便车策略选取者，这样，搭便车策略选取者的收益大于发信号策略选取者的收益。假如这样的话，那么正如第三章中“囚徒困境”博弈的第二个案例,演化稳定状态将是由发信号策略选取者和一些搭便车策略选取者组成的混合群体。我们在自然界中发现一些被动欺骗的证据,即面对入侵者时未能发出警报声,当然,我们不会为此惊讶。事实上,切尼和赛法特发现了在长尾猴群中会经常发生这类欺骗的证据,他们还引用了在其他物种中发现该种欺骗的研究结果。[①] 像其他合作行为一样,发出警报与亲缘关系有关,这一点具有重大意义。“动物多种多样,例如长尾猴、地松鼠、公鸡和啄木鸟,它们独处时极少发出警报声,面对亲属时发出警报的频率高于接近其他不相干的族群成员时的频率。”[②]

没有警告对象的时候,动物极少会发出警报声,这是因为发信号要付出成本,而不是节约成本。不过以下情况也有可能,即除了博弈中假设的之外,还有别的收益进入我们的视野,并且有其他动机超越了演化规则。既然长尾猴群中的配对相关性来自它们生活在一起的有亲属关系的小猴群,那么我们能够预期,主动欺骗很可能发生在不同的猴群之间而不是猴群内部。

有证据证明,在不同长尾猴群相遇时,长尾猴会发出虚假警报。切尼和赛法特描述了这样的情景:当一只新来的雄猴试图加入它的猴群时,一只名为凯图伊(Kitui)的低级别的雄猴就发出了豹子来了的虚假警报声。在不同猴群相遇时,虚假警报的发生频率很低(在 265 次不同猴群相遇中,只发生 4 次虚假警报,其中 3 次是凯图伊发出的虚假警报)。[③] 通过对被逮住长尾猴进行实验,他们得出了同样的结论:如果某一只猴子重复发出特定类型的虚假警报,那么其他猴子将学会忽略“这个猴子发出的那种类型的”信号。这种学习不会影响对同一个猴子

① 参见 Cheney and Seyfarth(1990),第 5 章和第 7 章。

② 参见 Cheney and Seyfarth(1990),第 165 页。

③ 参见 Cheney and Seyfarth(1990),第 213～216 页。

发出的其他类型警报或其他猴子发出的相同类型警报做出反应。在这里，我们看到学习限制了欺骗性的信号对信号发送系统的破坏程度。

涵义的进化

正如我们所知，从信号发送系统的演化到人类语言的演化走过了一段漫长的道路。但是，在本章的开头列举的怀疑论者的困惑在各种级别的信号发送系统分析中被尽可能地呈现出来。在信号发送系统中是如何生成惯例的，这些惯例又是如何被保持下去的呢？刘易斯提醒注意，作为"发信人—收信人"博弈纳什均衡的发信号系统的稳定性问题。如果我们将理性、博弈结构和其他博弈人选取的策略都假设为共有知识，那么，就没有人会背离信号发送均衡。根据焦点均衡或显著均衡的心理学范畴，如何选择一个信号发送均衡的问题就是一个首要问题。

刘易斯的方法是正确的。他给出了一个关于这个核心问题的简单模型，直接关注博弈模型的稳定均衡。但是他的论述却留下了许多疑问，在他那里没有得到解答。作为先决条件的共有知识从何而来？在何处才能达到显著均衡呢？在他的博弈模型中，基于对称性分析，所有的信号发送系统似乎都是同样显著均衡的。或许自然界会缺乏模型的完全对称性，但这个理由还不够充分，有人一定能够说出更多的理由。我们首先需要对均衡是如何达到的问题，做出更进一步的解释。

如果我们按照演化理论而不是理性决策理论来建立博弈理论分析框架，那么这些困难就不复存在了。共有知识不再是必需的。显著性也一样不再是必需的。对鹰的警报声不需要了解任何关于鹰的自然适应性，同样，对蛇的警报声也不需要了解任何关于巨蟒的自然适应性。（如果像通常情况那样，它就能够表现出来，那么，自然显著性将不会受到损害,但是,这也不是必要条件。)在信号演化之前,动物已经具有了针对所处环境中自然征兆的灵敏度。[①] 如果动物们重复经历某些情形,这些情形就被它们很好地建立为刘易斯的信号发送博弈模型,[②]这样,我们就能预料,在它们的世界里刘易斯的信号系统得以演化。均衡的达成和在多样均衡之间的选择是受到动态演化影响的。

一旦我们采用了动态演化观点,我们会看到信号系统均衡可以在多种信号博弈中出现,并且肯定会在刘易斯最初考虑的共同利益博弈中出现。即使信号系统要求收信人角色具有利他主义,该系统仍然会在关联配对的有利条件下演化。这种相关性可能是由族群粘性或其他原因引起的。(当信号系统发生作用时,信号系统自身会变成一个关联配对的机制。)即使相关性不足以维持对信号系统的一般粘附状态,族群也可能有一个稳定状态,尽管该族群中存在一些有限的欺骗,但是绝大多数成员都会老老实实地发信号。

在"通向真实的惯例"的结尾部分有一小段引用的内容。奎因考虑了一种研究惯例的自然方法论:

有人可能认为,即使没有用语言广而告之相关惯例,我们可以通过行动来获得惯例;而后,我们可以回过头去,正式形成可以用语言表达的惯例。可能有人认为,不像符合语法的写作是语言的先决条件那样,语言表达的惯例不是采纳惯例的先决条件;惯例的明晰说明只是对完整语言的无数重要应用中的一种。这样设想的话,惯例就不再使我们陷入无法摆脱的困扰。[③]

但是,奎因担心:

排除语言表达的惯例涵义的目的性和准确性两大特征,我们将冒

---

① 参见 Grice(1957)关于自然涵义和非自然涵义的比较分析。

② 在本章中我们已经从丰富的生物世界中抽象出一些惯例,并没有对决策建模做拓展性的讨论。Millikan(1984)对这些命题做出了富有价值的探讨。

③ 参见 Cheney and Seyfarth(1990),第 123 页。

着剥夺了后一特征赋予语言解释力的风险,从而使语言弱化为无意义的标签。我们拥有的不仅仅是一个纯粹的标签。我们已看到,关于最简单和最基本的涵义惯例的生成,动态演化过程向我们展示了惯例演化的可能方式,而且,这些演化方式在某些背景下是不可避免的。

后　记

在前面五章内容中，我并不试图提出一个完整的社会契约演化理论。相反，这五章内容只是对社会契约演化理论中的一些元素的介绍。从一个视角来看，这些元素可以被看作一般性问题研究领域里简单模型的一个清单：讨价还价博弈与公平分配、最后通牒博弈与承诺、囚徒困境与互助、“鹰派—鸽派”博弈和所有权的起源、发信号博弈和涵义的演化。

但是，从另一个视角来看，理论的元素是一些基本概念工具，这些基本概念工具被按照以下路径介绍出来。在第一章，我们接触了一些基本概念，包括“纳什均衡”和“演化稳定策略”，以及在演化均衡概念基础的动态复制均衡。我们还发掘了各种各样的因素对群体均衡状态引力场规模大小的效应。在第二章，我们看到了承诺和模块理性之间可能存在的张力。在这里，理性选择理论和演化理论开始产生分歧。当我们将动态复制机制应用于对称的最后通牒博弈时，我们发现这并不会消除那些无法通过模块理性实验检验的策略。即使当我们在动态复制中增加“突变”和“重构”因素，从而将“发抖的手”引入演化模型时，这种情况依然保持不变。在第三章和第四章，我们面对两种相当不同的关联均衡（或相关均衡）。在演化博弈论中，存在两种不同类型的（不关联的）混合均衡：一种混合均衡中的个体选取随机策略，而另一种混合均衡中的随机过程来自多态群体中个体的随机配对。将第一种混合策略均衡一般化为关联案例，我们得到了第四章中的“奥曼关联均衡”，

“奥曼关联均衡”在通过打破对称性而形成惯例的过程中起到最重要的作用。将第二种混合策略均衡一般化为非随机配对模型，得出了第三章提出的完全不同的关联演化博弈理论。在这样的背景下，理性选择理论与演化理论彻底分道扬镳。在关联性条件下，被所有理性选择理论排除掉的策略会相当活跃。完全相关性强化了达尔文版本的康德“绝对命令”范式。在第四章和第五章，我们讨论了对称性是如何被动态演化机制自然而然地打破的，而对称性问题则是哲学怀疑论中的核心问题。我们还介绍了动态学习过程与动态演化过程之间的互动问题，从而解决了在第四章提出的对称性被打破的问题，也解决了在第五章提出的信号发送系统均衡的稳定性问题。

上述理论元素可以用不同的方式组合在一起，获得对已经被发现的问题的探究路线。例如，让我们回到本书开头探究的公平分配问题。如前所述，两位博弈人分一块蛋糕。但是，现在假设博弈人能从等量的蛋糕中得到不同的收益。针对不同博弈人基于蛋糕量获得收益大小的不同分类方式，我们得到了讨价还价博弈家族中的不同成员。

为了探究这些博弈类型的动态演化，我们采用了第二章对最后通牒博弈的处理模式。我们引入了两个角色，不同数量的蛋糕带给他们不同的收益。我们假设一个人扮演这两个角色，每一个角色都有相应的行动策略。每一个博弈人的收益是扮演两个角色收益的平均值。

在这样的背景下，我们就能够探究这些更加复杂的公平分配问题中其他规则的演化。用功利主义方法分蛋糕得到的是两种角色的收益总量最大化。① 讨价还价的纳什均衡解②使得收益的效果最大化，而不是使收益的总量最大化。③④ 大卫・高希尔在《协议道德》中鼓吹的卡莱—斯莫丁斯基解(Kalai-Smordinski solution)⑤考虑的是每一位博弈人的收益，即当博弈人得到整块蛋糕时，他会分割蛋糕使得产生的收益保持在相同的比率。⑥

我用计算机模拟了两种标准不同的讨价还价博弈的动态演化过程。⑦ 如果对等的初始群体比例开始，那么，在两种情况下纳什讨价还价者都接管了整个群体。如果从随机选择初始群体比例开始，那么，两种情况的模型结果是再次锁定了纳什讨价还价博弈解。可是，有一些

---

① 在假设对于博弈双方来说收益等于所得蛋糕的一些案例中，得不出特别另类的答案，正如在第一章中任何分割蛋糕的方式都可以得到相同的答案。但是，在其他的案例中，则可以得到特别另类的答案，例如，假设对于博弈人 A 来说，收益等于蛋糕量；而对于博弈人 B，同样的收益相当于 10 倍于 A 的蛋糕量，那么，功利主义解是所有蛋糕都归 B。由于历史经验事实的原因，有些功利主义者不喜欢他们的理论结果，并尝试用各种方法避免这个结果。这里，我并不去关注这些论题。在注释所描述的博弈中，纳什均衡解得出的是博弈双方获得等量蛋糕，这与功利主义解完全不同。

② 讨价还价博弈纳什均衡解不应当与纳什均衡概念相混淆。这里讨论的所有的讨价还价博弈解都是讨价还价博弈的纳什均衡。

③ 我们假设，对于每一个博弈人来说，没有分割到蛋糕就等于是零收益。

④ 纳什从一系列公理中得出了纳什解。这里我们不去关注相关细节。

⑤ 霍华德・雷法(Howard Raiffa)在 1953 年发表的论文中最早提出了这个思想。参见 R. B. 布雷斯维特(R. B. Braithwaite)1955 年在牛津大学的就职演讲，该演讲稿发表时的题目是“作为道德哲学分析工具的博弈论”。雷法(Raiffa)将两个方面结合起来进行研究并提出了他自己的见解，参见 Luce and Raiffa(1957)。雷法得出的解是一个独特的解，满足 Kalai and Smordinski(1975)提出的公理体系，类似于 Nash(1950)对他的讨价还价博弈解的公理化。

⑥ 举例说明卡莱和斯莫丁斯基解与纳什解的差异。假设博弈人 A 的收益等于他分得的那部分蛋糕的比例，但是，博弈人 B 得到半块蛋糕后就饱和了。当博弈人 B 分得小于半块蛋糕时，他的收益等于分得蛋糕的比例；当他分得等于或大于半块蛋糕，包括整块蛋糕时，他的收益为 1/2。由于博弈人 B 得到整块蛋糕的收益是 1/2，而博弈人 A 得到整块蛋糕的收益是 1，卡莱—斯莫丁斯基解是：2/3 的蛋糕归 A，1/3 的蛋糕归 B。纳什解是：每一个博弈人都得到 1/2 的蛋糕。两种解都是功利主义的。

⑦ 在计算机模拟时，两种博弈都是在将整个蛋糕分割为 18 块的条件下进行，博弈人收益的设定如前一个注释中所述。

初始群体比例条件会导致近似纳什策略的锁定。在功利主义解与纳什解不一致的博弈中，纳什解在某种程度上偏向功利主义解。① 在卡莱—斯莫丁斯基解与纳什解不一致的博弈中，纳什解在某种程度上偏向于"协议道德"中的解决方案。②

在离散的讨价还价博弈中，公平分配的动态演化博弈显然比任何的基于公理的讨价还价博弈更加复杂。但是，我们的计算机模拟的结果显示纳什解是相当稳健的。③ 也许，花了大量时间讨论功利主义解

① 如果我们把策略表述为(角色 A 的要求，角色 B 的要求)，那么，在我的模拟中，按照时间线索，不同策略的演化如下：

功利主义策略：	(0,18)	0.0%
	⋮	
	(6,12)	0.9%
	(7,11)	12.5%
	(8,10)	32.4%
纳什解：	(9,9)	38.6%
	(10,8)	14.6%
	(11,7)	0.9%

② 如果我们把策略表述为(角色 A 的要求，角色 B 的要求)，在圣地亚哥超级计算机中心进行的10 000次的模拟结果如下：

	(6,12)	0
	(7,11)	0
	(8,10)	1
纳什解：	(9,9)	6 164
	(10,8)	3 374
	(11,7)	316
卡莱—斯莫丁斯基解：	(12,6)	2
	(13,5)	0
	(14,4)	0

在模拟实验中，有 143 次在给定的时间内没有得出收敛的结果。

③ 运用 Harsanyi and Selten(1988)提出的风险占优策略也能够得到纳什解。关于风险占优策略与动态演化之间的相关性，可以参见 Kandori, Mailath, and Rob(1993)。

和卡莱—斯莫丁斯基解的哲学家应该更多地关注纳什讨价还价解。①

然而，一旦提出观点，那么最后的结论必须能够经得起推敲。基于群体成员随机配对的标准假设的动态演化只是被用来分析讨价还价博弈的。对于一个更完整的情境，我们需要运用第三章的思想，考虑关联配对的可能性。就浅层次分析而言，通过考虑完全关联性这种极端情况，我们就能够明白关联配对状态与其他状态之间的区别。在关联配对的案例中，功利主义的博弈人将接管整个群体。在第三章中达尔文式的绝对命令导致了功利主义的公平分配。

最后，我们应该考虑伴随讨价还价行为的关联机制的共同演化。在这些关联机制中，第五章介绍的信号发送系统占据了一个重要的位置。我们在第一章中提出的命题，引导我们将所有的概念和分析技术运用于本书其他部分的论述。

事实上，这还会使我们走得更远。在超过两人的讨价还价博弈的情况下，联盟将起到至关重要的作用。如果我拥有或知道一个联盟形成的动态分析框架，我会写一本更厚的书。我的最佳直觉告诉我，动态学习机制能够给出答案的重要部分。信念上和行为上的关联性会自发地生成于动态学习和多人重复博弈的相互作用过程。② 我相信存在一个过程，在这个过程中先前不相关的信念和行为会自发地变成相关，这个过程一定能为联盟形成的动态理论提供依据。

在前言中，我说过本书所关注的内容是描述性的，而不是说明性的。但是最后一些读者仍然会被下列问题所困扰："这一切对道德哲学和政治哲学有什么影响呢？"在这里，我没有涉及关于人类应该怎样生活或者社会应该怎样被组织起来的任何问题。

然而，就本书中提出的这些领域的概念而言，本书可以被归入这些

---

① 关于这个观点，我建议读者参阅 Binmore(1993)的研究。

② 参见 Vanderschraaf and Skyrms(1993)的例子以及相关的一些技术分析工具。

领域。道德哲学是关于个人应该如何生存的可能性的研究领域。政治哲学是关于社会应当如何被组织起来的研究领域。如果我们对这种可能性做出了非常丰富的解释，那么，我们得到的是乌托邦理论。那些要面对“和他们一样的人”的人们，他们如何生存的可能性会受到非常严格的限制和约束。对生物进化、文化演化和学习过程的相互作用动态机制的关注能够得出一些令人感兴趣的约束条件。

当我们探究这种相互作用的动态机制时，我们会发现一些新思想，一方面，它不同于 19 世纪粗糙的宿命论的思想，即社会达尔文主义；另一方面，它也不同于黑格尔和马克思主义。显而易见的是，尽管在本书中只是运用了简单案例，但是，在典型案例中没有一个是事先给定的结果，相反，我们得出了大量可能的均衡结果。理论印证了人类学家已经知道的事实——社会生活方式的多样性是可能的。

即使我们的社会能够被理性地模型化为均衡状态，他仍然不会完全保持该状态。与外部力量相互作用或者与社会中未模型化的要素相互作用会破坏原来的均衡，驱策社会变动——也许会走向一个新的均衡。政治理论家自己有时会参与这个过程。那些会这么做的人有理由分享本书的关注点。均衡在他们的稳定性中变化。有些均衡很容易被颠覆，另一些均衡则相当稳健。那些不稳定的均衡会对某些类型的干扰很敏感，但对其他类型的干扰不敏感。那些打算改变这个世界的人，最好先学会如何描述这个世界。

参考文献

Arbuthnot, J. (1710). "An Argument for Divine Providence, Taken from the Constant Regularity Observ'd in the Births of Both Sexes." *Philosophical Transactions of the Royal Society of London* 27:186—190.

Aristotle(1985). *Nichomachean Ethics* Trans. Terence Irwin. Indianapolis: Hackett.

Aumann, R. J. (1974). "Subjectivity and Correlation in Randomized Strategies." *Journal of Mathematical Economics* 1:67—96.

——. (1987). "Correlated Equilibrium as an Expression of Bayesian Rationality." *Econometrica* 55:1—18.

Axelrod, R. (1981). "The Emergence of Cooperation Among Egoists." *American Political Science Review* 75:306—318.

——. (1984). *The Evolution of Cooperation*. New York: Basic.

——. (1992). "The Evolution of Strategies in the Iterated Prisoner's Dilemma." Forthcoming in *The Dynamics of Norms*. Ed. Bicchieri, C., Jeffrey, R., and Skyrms, B. New York: Cambridge University Press.

Axelrod, R., and Hamilton, W. D. (1981). "The Evolution of Cooperation." *Science* 211:1,390—396.

Barry, B. (1989). *Theories of Justice*. Berkeley and Los Angeles: University of California Press.

Bartos, O. (1978). "Negotiation and Justice." *Contributions to Experimental Economics* 7:103—126.

Bicchieri, C. (1990). "Norms of Cooperation." *Ethics* 100:838—861.

——. (1993). *Rationality and Coordination*. New York: Cambridge University Press.

Binmore, K. (1993). *Game Theory and the Social Contract*. Vol. 1. *Playing Fair*. Cambridge, Mass.: MIT Press.

Binmore, K., Gale, J., and Samuelson, L. (1995). "Learning to Be Imperfect: The Ultimatum Game." *Games and Economic Behavior* 8:56—90.

Binmore, K., Morgan, P., Shaked, A., and Sutton, J. (1991). "Do People Exploit Their Bargaining Power? An Experimental Study." *Games and Economic Behavior* 3:295—322.

Binmore, K., and Samuelson, L. (1992). "Evolutionary Stability in Repeated Games Played by Finite Automata." *Journal of Economic Theory* 57:278—305.

Binmore, K., Shaked, A.. and Sutton, J. (1985). "Testing Non-Cooperative Bargaining Theory: A Preliminary Study." *American Economic Review* 75:1,178—180.

——. (1988). "A Further Test of Non-Cooperative Bargaining Theory: Reply." *American Economic Review* 78:837—839.

Bolton, G. (1991). "A Comparative Model for Bargaining: Theory and Evidence." *American Economic Review* 81:1,96—136.

Bomze, I. (1986). "Non-Cooperative Two-Person Games in Biology: A Classification." *International Journal of Game Theory* 15:31—57.

Borel, E. (1921). "La théorie de jeu et les équations intégrales *à* noyau symétrique." *Comptes Rendus de l'Académie des Sciences* 173:1,304—308.

Boyce, W. E., and Di Prima, R. C. (1977). *Elementary Differential Equations*. 3rd. ed. New York: Wiley.

Boyd, R., and Loberbaum, J. P. (1987). "No Pure Strategy Is Evolutionarily Stable in the Repeated Prisoner's Dilemma Game." *Nature* 327:59.

Boyd, R., and Richerson, P. (1985). *Culture and the Evolutionary Process*. Chicago:

University of Chicago Press.

Boylan, R. T. (1992). "Laws of Large Numbers for Dynamical Systems with Randomly Matched Individuals." *Journal of Economic Theory* 57:473—504.

Braithwaite, R. B. (1955). *Theory of Games as a Tool for the Moral Philosopher*. New York: Cambridge University Press.

Bratman, M. (1987). *Intention, Plans and Practical Reason*. Cambridge, Mass.: Harvard University Press.

——. (1992). "Planning and the Stability of Intention." *Minds and Machines* 2:1—16.

Burgess, J. W. (1976). "Social Spiders." *Scientific American* 234:100—106.

Busch. (1865). *Max und Moritz eine Bubengeschicte in sieben Streichen*. Munchen: Braun und Schneider.

Cavalli-Sforza, L. L., and Feldman, M. (1981). *Cultural Transmission and Evolution: A Quantitative Approach*. Princeton, N. J.: Princeton University Press.

Charnov, E. (1982). *The Theory of Sex Allocation*. Princeton, N. J.: Princeton University Press.

Cheney, D. L., and Seyfarth, R. M. (1990). *How Monkeys See the World*. Chicago: University of Chicago Press.

Colinvaux, P. (1978). *Why Big Fierce Animals Are Rare: An Ecologist's Perspective*. Princeton, N. J.: Princeton University Press.

Crawford, V. P. (1989). "Learning and Mixed Strategy Equilibria in Evolutionary Games." *Journal of Theoretical Biology* 140:537—550.

Crawford, V. P., and Sobel, J. (1982). "Strategic Information Transmission." *Econometrica* 50:1431—1451.

Danielson, P. (1992). *Artificial Morality: Virtuous Robots for Virtual Games*. London: Routledge & Kegan Paul.

 Dante (1984). *Paradiso*. Trans. Allen Mandelbaum. Berkeley and Los Angeles:

University of California Press.

Darwin, C. (1859). *On the Origin of Species*. London: John Murray.

——. (1871). *The Descent of Man, and Selection in Relation to Sex*. London: John Murray. 2nd ed. rev. 1898. New York: Appelton.

Davidson, D. (1984). *Inquiries into Truth and Interpretation*. Oxford: Oxford University Press (Clarendon Press).

Davies, N. B. (1978). "Territorial Defense in the Speckled Wood Butterfly." *Animal Behavior* 26:138—141.

Dawes, R., and Thaler, R. (1988). "Anomalies: Cooperation." *Journal of Economic Perspectives* 2:187—197.

Dawkins, R. (1983). *The Extended Phenotype*. New York: Oxford University Press.

——. (1989). *The Selfish Gene*. 2nd ed. New York: Oxford University Press.

Eells, E. (1982). *Rational Decision and Causality*. New York: Cambridge University Press.

——. (1984). "Metatickles and the Dynamics of Deliberation." *Theory and Decision* 17:71—95.

Eshel, I., and Cavalli-Sforza, L. L. (1982). "Assortment of Encounters and the Evolution of Cooperativeness." *Proceedings of the National Academy of Sciences, USA* 79:1,331—335.

Fagen, R. M. (1980). "When Doves Conspire: Evolution of Nondamaging Fighting Tactics in a Nonrandom-Encounter Animal Conflict Model." *American Naturalist* 115:858—869.

Farrell, J. (1993). "Meaning and Credibility in Cheap-Talk Games." *Games and Economic Behavior* 5:514—531.

Farrell, J., and Ware, R. (1988). "Evolutionary Stability in the Repeated Prisoner's Dilemma Game." *Theoretical Population Biology* 36:161—166.

Feldman, M., and Thomas, E. (1987). "Behavior-Dependent Contexts for Repeated

Plays of the Prisoner's Dilemma II: Dynamical Aspects of the Evolution of Cooperation." *Journal of Theoretical Biology* 128:297—315.

Fisher, R. A. (1930). *The Genetical Theory of Natural Selection*. Oxford: Oxford University Press(Clarendon Press).

Forsythe, R., Horowitz, J., Savin, N., and Sefton, M. (1988). "Replicability, Fairness and Pay in Experiments with Simple Bargaining Games." Working paper, University of Iowa, Iowa City.

Foster, D., and Young, P. (1990). "Stochastic Evolutionary Game Dynamics." *Theoretical Population Biology* 38:219—232.

Frank, R. (1988). *Passions Within Reason*. New York: Norton.

Frank, S. (1994). "Genetics of Mutualism: The Evolution of Altruism Between Species." *Journal of Theoretical Biology* 170:393—400.

Friedman, D. (1991). "Evolutionary Games in Economics." *Econometrica* 59: 637—666.

Fudenberg, D., and Maskin, E. (1986). "The Folk Theorem in Repeated Games with Discounting and with Complete Information." *Econometrica* 54: 533—554.

——. (1990). "Evolution and Cooperation in Noisy Repeated Games." *American Economic Review* 80:274—279.

Gauthier, D. (1969). *The Logic of the Leviathan*. New York: Oxford University Press.

——. (1985). "Bargaining and Justice." *Social Philosophy and Policy* 2:29—47.

——. (1986). *Morals by Agreement*. Oxford: Oxford University Press (Clarendon Press).

——. (1990). *Moral Dealing: Contract, Ethics and Reason*. Ithaca, N. Y.: Cornell University Press.

Gibbard. A. (1985). "Moral Judgement and the Acceptance of Norms." *Ethics* 96:5—21.

——. (1990a). "Norms, Discussion and Ritual: Evolutionary Puzzles." *Ethics* 100:787—802.

——. (1990b). *Wise Choices, Apt Feelings: A Theory of Normative Judgement*. Cambridge, Mass.: Harvard University Press.

——. (1992). "Weakly Self-Ratifying Strategies: Comments on McClennen." *Philosophical Studies* 65:217—225.

Gibbard, A., and Harper, W. (1981). "Counterfactuals and Two Kinds of Expected Utility." In *IFS*, ed. Harper et. al., pp. 153—190. Dordrecht: Reidel.

Gilbert, M. (1981). "Game Theory and Convention." *Synthese* 46:41—93.

——. (1990). "Rationality, Coordination and Convention." *Synthese* 84:1—21.

Glass, L., and Mackey, M. (1988). *From Clocks to Chaos: The Rhythms of Life*. Princeton, N. J.: Princeton University Press.

Grice, H. P. (1957). "Meaning." *The Philosophical Review* LXVI, 3(1957): 372—388.

Grim, P. (1993). "Greater Generosity Favored in a Spatialized Prisoner's Dilemma." Working paper, Dept. of Philosophy, SUNY, Stony Brook, N. Y.

Güth, W. (1988). "On the Behavioral Approach to Distributive Justic-A Theoretical and Experimental Investigation." *In Applied Behavioral Economics*. Vol. 2. Ed. S. Maital, pp. 703—717. New York: New York University Press.

Güth, W., Schmittberger, R., and Schwarze, B. (1982). "An Experimental Analysis of Ultimatum Bargaining." *Journal of Economic Behavior and Organization* 3:367—388.

Güth, W., and Tietz, R. (1990). "Ultimatum Bargaining Behavior: A Survey and Comparison of Experimental Results." *Journal of Economic Psychology* 11:417—449.

Hamilton, W. D. (1963). "The Evolution of Altruistic Behavior." *American*

Naturalist 97:354—356.

——. (1964). "The Genetical Evolution of Social Behavior." *Journal of Theoretical Biology* 7:1—52.

——. (1967). "Extraordinary Sex Ratios." *Science* 156:477—488.

——. (1971). "Selection of Selfish and Altruistic Behavior in some Extreme Models." In *Man and Beast*, ed. Eisenberg, J. F., and Dillon, W. S., pp. 59—91. Washington, D. C.: Smithsonian Institution Press.

——. (1980). "Sex Versus Non-Sex Versus Parasite." *Oikos* 35:282—290.

Hampton, J. (1986). *Hobbes and the Social Contract Tradition*. New York: Cambridge University Press.

Harms, W. (1994). "Discrete Replicator Dynamics for the Ultimatum Game with Mutation and Recombination." Technical report, University of California, Irvine.

Harper, W. (1991). "Ratifiability and Refinements in Two-Person Noncooperative Games." In *Foundations of Game Theory: Issues and Advances*, ed. Bacharach, M., and Hurley, S., pp. 263 — 293. Oxford: Blackwell Publisher.

Harper, W., Stalnaker, R., and Pearce, G., eds. (1981). *IFS*. Dordrecht: Reidel.

Harsanyi, J. (1953). "Cardinal Utility in Welfare Economics and the Theory of Risk Taking." *Journal of Political Economy* 61:434—435.

——. (1955). "Cardinal Welfare, Individualistic Ethics and Interpersonal Comparisons of Utility." *Journal of Political Economy* 63:309—321.

——. (1975). "Can the Maximin Principle Serve as a Basis for Morality?" *American Political Science Review* 69:594—606.

——. (1976). *Essays in Ethics, Social Behavior and Scientific Explanation*. Dordrecht: Reidel.

——. (1977). *Rational Behavior and Bargaining Equilibrium in Games and Social Situations*. New York: Cambridge University Press.

——. (1980). "Rule Utilitarianism, Rights, Obligations and the Theory of Rational Behavior." *Theory and Decision* 12:115—133.

——. (1982). *Papers in Game Theory*. Dordrecht: Reidel.

Harsanyi, J. C., and Selten, R. (1988). *A General Theory of Equilibrium Selection in Games*. Cambridge, Mass.: MIT Press.

Hirsch, M. W., and Smale, S. (1974). *Differential Equation, Dynamical Systems and Linear Algebra*. San Diego, Calif.: Academic.

Hirshliefer, J. (1987). "On the Emotions as Guarantors of Threats and Promises." In *The Latest on the Best: Essays on Evolution and Optimality*, ed. Dupré, J. Cambridge, Mass.: MIT Press.

Hirshliefer, J., and Martinez Coll, J. C. (1988). "What Strategies Can Support the Evolutionary Emergence of Cooperation?" *Journal of Conflict Resolution* 32:367—398.

Hofbauer, J., and Sigmund, K. (1988). *The Theory of Evolution and Dynamical Systems*. New York: Cambridge University Press.

Hoffman, E., McCabe, K., Shachat, K., and Smith, V. (1994). "Preferences, Property Rights and Anonymity in Bargaining Games." *Games and Economic Behavior* 7:346—380.

Holland, J. (1975). *Adaptation in Natural and Artifical Systems*. Ann Arbor: University of Michigan Press.

Hume, D. (1739). *A Treatise of Human Nature*. London: John Noon.

Huxley, T. H. (1888). "The Struggle for Existence and Its Bearing upon Man." *Nineteenth Century* 23:161—180.

Jeffrey, R. (1965). *The Logic of Decision*. New York: McGraw Hill. 2nd ed. rev. 1983. Chicago: University of Chicago Press.

Kahn, H. (1984). *Thinking About the Unthinkable in the 1980s*, New York: Simon & Schuster.

Kahneman, D., Knetsch, J., and Thaler, R. (1986). "Fairness and the

Assumptions of Economics." *Journal of Business* 59: S285—S300. Reprinted in *Rational Choice: The Contrast Between Economics and Psychology*, ed. Hogarth, R. M., and Reder, M., pp. 101—116. Chicago: University of Chicago Press.

——. (1991). "The Endowment Effect, Loss Aversion and the Status Quo Bias." *Journal of Economic Perspectives*. 5: 193—206.

Kalai, E., and Smordinski, M. (1975). "Other Solutions to Nash's Bargaining Problem." *Econometrica* 43: 513—518.

Kamali, S. A., trans. (1963). *Al-Ghazali's Tahafut Al-Falasifah*. Lahore: Pakistan Philosophical Congress.

Kandori, M., Mailath, G., and Rob, R. (1993). "Learning, Mutation, and Long Run Equilibria in Games." *Econometrica* 61: 29—56.

Kavanaugh, M. (1980). "Invasion of the Forest by an African Savannah Monkey: Behavioral Adaptations." *Behavior* 73: 239—260.

Kavka, G. (1978). "Some Paradoxes of Deterrence." *Journal of Philosophy* 75: 285—302.

——. (1983a). "Hobbes' War of All Against All." *Ethics* 93: 291—310.

——. (1983b). "The Toxin Puzzle." *Analysis* 43: 33—36.

——. (1986). *Hobbesian Moral and Political Theory*. Princeton, N. J.: Princeton University Press.

——. (1987). *Paradoxes of Nuclear Deterrence*. New York: Cambridge University Press.

Kirchner, W., and Towne, W. (1994). "The Sensory Basis of the Honeybee's Dance Language." *Scientific American* (June 1994): 74—80.

Kitcher, P. (1993). "The Evolution of Human Altruism." *The Journal of Philosophy* 10: 497—516.

Konepudi, D. K. (1989). "State Selection Dynamics in Symmetry-Breaking Transitions." *Noise in Nonlinear Dynamical Systems*. Vol. 2. *Theory of*

Noise Induced Processes in Special Applications ,ch. 10,pp. 251—270.

Koza,J. (1992). *Genetic Programming:On the Programming of Computers by Natural Selection*. Cambridge,Mass. :MIT Press.

Krebs ,J. R. (1982). "Territorial Defense in the Great Tit *Parus Major*: Do Residents Always Win?"*Ecology* 52:2—22.

Krebs , J. R. , and Davies, N. B. (1993) .*An Introduction to Behavioral Ecology*. 3rd ed. London: Blackwell Publisher.

Kreps ,D. , and Wilson,D. (1982). "Sequential Equilibria. "*Econometrica* 50: 863—894.

Kropotkin, P. (1908) .*Mutual Aid: A Factor of Evolution*. London: Heinemann. The Chapters were originally published in *Nineteenth Century*. September and November 1890, April 1891, January 1892, August and September 1894,and January and June 1896.

Kummer,H. (1971). *Primate Societies*. Chicago: Aldine-Atherton.

Lewis , D(1969). *Convention*. Cambridge,Mass. :Harvard University Press.

——. (1979)"Prisoner's Dilemma Is a Newcomb Problem. "*Philosophy and Public Affairs* 8:235—240.

——. (1981.)"Causal Decision Theory. "*Australasian Journal of Philosophy* 58:5—30.

——. (1984). "Devil's Bargains and the Real World. "In *The Security Gamble*, ed. MacLean,D. ,pp. 141—154. Totowa,N. J. :Rowman & Allenheld.

Lorenz,K. (1966). *On Aggression*. London: Methuen.

Luce,R. D. ,and Raiffa,H. (1957). *Games and Decisions*. New York: Wiley.

Lumsden,C. ,and Wilson,E. O. (1981). *Genes,Mind and Culture*. Cambridge, Mass. :Harvard University Press.

Marx,K. (1979). "Letter to Engels,June 18,1862. "In *The Letters of Karl Marx* ,ed. Padover,S. K. ,p. 157. Englewood Cliffs,N. J. :Prentice Hall.

Maynard Smith, J. (1978) . *The Evolution of Sex*. New York: Cambridge

University Press.

——. (1982). *Evolution and the Theory of Games*. New York: Cambridge University Press.

Maynard Smith, J., and Parker, G. R. (1976). "The Logic of Asymmetric Contests." *Animal Behavior* 24:159—175.

Maynard Smith, J., and Price, G. R. (1973). "The Logic of Animal Conflict." *Nature* 146:15—18.

McClennen, E. (1990). *Rationality and Dynamic Choice: Foundational Explorations*. New York: Cambridge University Press.

Mellers, B., and Baron, J., eds. (1993). *Psychological Perspectives on Justice*. New York: Cambridge University Press.

Michod. R., and Sanderson, M. (1985). "Behavioral Structure and the Evolution of Cooperation." In *Evolution: Essays in Honor of John Maynard Smith*, ed. Greenwood, J., Harvey, P., and Slatkin, M., pp. 95 — 104. New York: Cambridge University Press.

Milgrom, P., North, D., and Weingast, B. (1990). "The Role of Institutions in the Revival of Trade: The Law Merchant, Private Judges, and the Champagne Fairs." *Economics and Politics* 2:1—23

Millikan, R. (1984). *Language, Thought and Other Biological Categories: New Foundations for Realism*. Cambridge, Mass.: MIT Press.

Muller, H. (1932). "Some Genetic Aspects of Sex." *American Naturalist* 66: 118—138.

——. (1964). "The Relation of Recombination to Mutational Advance." *Mutation Research* 1:2—9.

Myerson, R. B. (1978). "Refinements of the Nash Equilibrium Concept." *International Journal of Game Theory* 7:73—80.

Myerson, R. B., Pollock, G. B., and Swinkels, J. M. (1991). "Viscous Population Equilibria." *Games and Economic Behavior* 3:101—109.

Nachbar, J. (1990). "'Evolutionary' Selection Dynamics in Games: Convergence and Limit Properties." *International Journal of Game Theory* 19:59—89.

——. (1992). "Evolution in the Finitely Repeated Prisoner's Dilemma." *Journal of Economic Behavior and Organization* 19:307—326.

Nagel, T. (1974). "What Is It Like to Be a Bat?" *Philosophical Review* 83:435—450.

Nash, J. (1950). "The Bargaining Problem." *Econometrica* 18:155—162.

——. (1951). "Noncooperative Games." *Annals of Mathematics* 54:289—295.

Nowak, M. A., and May, R. M. (1992). "Evolutionary Games and Spatial Chaos." *Nature* 359:826—829.

——. (1993). "The Spatial Dilemmas of Evolution." *International Journal of Bifurcation and Chaos* 3:35—78.

Nozick, R. (1969). "Newcomb's Problem and Two Principles of Choice." In *Essays in Honor of C. G. Hempel*, ed. Rescher, N., pp. 114—146. Dordrecht: Reidel.

Nydegger, R. V., and Owen, G. (1974). "Two - Person Bargaining, an Experimental Test of the Nash Axioms." *International Journal of Game Theory* 3:239—250.

Ochs, J., and Roth, A. (1989). "An Experimental Study of Sequential Bargaining." *American Economic Review* 79:355—384.

Packer, C., and Pusey, A. E. (1982). "Cooperation and Competition Within Coalitions of Male Lions: Kin Selection or Game Theory?" *Nature* 296:740—742.

Pollock, G. B. (1989). "Evolutionary Stability in a Viscous Lattice." *Social Networks* 11:175—212.

Poundstone, W. (1992). *The Prisoner's Dilemma*. New York: Doubleday.

Prasnikar, V., and Roth, A. (1992). "Considerations of Fairness and Strategy: Experimental Data from Sequential Games." *Quarterly Journal of Economics* 107:865—887.

Quine, W. V. O. (1936). "Truth by Convention." In *Philosophical Essays for A. N. Whitehead*, ed. Lee, O. H. New York: Longmans.

——. (1953). "Two Dogmas of Empiricism." In *From a Logical Point of View*. Cambridge, Mass.: Harvard University Press.

——. (1960). *Word and Object*. Cambridge, Mass.: MIT Press.

——. (1969). "Foreword" to Lewis, D. *Convention*, pp. xi－xii. Cambridge, Mass.: Harvard University Press.

Raiffa, H. (1953). "Arbitration Schemes for Generalized Two-Person Games." In *Contributions to the Theory of Games*. Vol. 2. Ed. Kuhn, H., and Tucker, A. W. (Annals of Mathematics Studies, no. 28). Princeton, N. J.

Ramsey, F. P. (1931). *The Foundations of Mathematics and Other Essays*. New York: Harcourt Brace.

Rawls, J. (1957). "Justice as Fairness." *Journal of Philosophy* 54:653－662.

——. (1971). *A Theory of Justice*. Cambridge, Mass.: Harvard University Press.

——. (1974). "Some Reasons for the Maximin Criterion." *American Economic Review* 64:141－146.

Rescher, N. (1969). "Choice Without Preference: A Study of the History and Logic of 'Buriden's Ass.'" *Essays in Philosophical Analysis*, ch. V, pp. 111－170. Pittsburgh: University of Pittsburgh Press.

Richards, R. (1987). *Darwin and the Emergence of Evolutionary Theories of Mind and Behavior*. Chicago: University of Chicago Press.

Robson, A. (1990). "Efficiency in Evolutionary Games: Darwin, Nash and the Secret Handshake." *Journal of Theoretical Biology* 144:379－396.

Roth, A., and Erev, I. (1995). "Learning in Extensive-Form Games: Experimental Data and Simple Dynamic Models in the Intermediate Term." *Games and Economic Behavior* 8:164－212.

Roth, A., Prasnikar, V., Okuno-Fujiwara, M., and Zamir, S. (1991). "Bargaining and Market Behavior in Jerusalem, Ljubljana, Pittsburgh and Tokyo: An

Experimental Study." *American Economic Review* 81:1068—1095.

Rousseau, J. -J. (1984). *A Discourse on Inequality*. Trans. Maurice Cranston. London: Penguin.

Rubinstein, A. (1991). "Comments of the Foundations of Game Theory." *Econometrica* 58:909—924.

Russell, B. (1959). *Common Sense and Nuclear Warfare*. New York: Simon & Schuster.

Samuelson, L. (1988). "Evolutionary Foundations of Solution Concept for Finite Two-Player Normal Form Games." In *Proceedings of the Second Conference on Theoretical Aspects of Reasoning About Knowledge*, ed. Vardi, M., pp. 211—226. Los Altos, Calif.: Morgan Kaufmann.

——. (1993). "Does Evolution Eliminate Dominated Strategies?" In *Frontiers of Game Theory*, ed. Binmore, K., et. al., pp. 213 — 234. Cambridge, Mass.: MIT Press.

Samuelson, L., and Zhang, J. (1992). "Evolutionary Stability in Asymmetric Games." *Journal of Economic Theory* 57:363—391.

Savage, L. J. (1954). *The Foundations of Statistics*. New York: Wiley.

Schelling, T. (1960). *The Strategy of Conflict*. New York: Oxford University Press.

Schuster, P., and Sigmund, K. (1983). "Replicator Dynamics." *Journal of Theoretical Biology* 100:535—538.

Searle, J. (1983). *Intentionality: An Essay in the Philosophy of Mind*. New York: Cambridge University Press.

——. (1984). *Minds, Brains and Science*. Cambridge, Mass.: Harvard University Press.

Selten, R. (1965). "Spieltheoretische Behandlung eines Oligopolmodells mit Nachfragetragheit." *Zeitschrift fur die gesamte Staatswissenschaft* 121: 301—24, 667—689.

——. (1975). "Reexamination of the Perfectness Concept of Equilibrium in Extensive Games." *International Journal of Game Theory* 4:25—55.

——. (1978). "The Equity Principle in Economic Behavior." In *Decision Theory and Social Ethics*, ed. Gottinger, H., and Leinfellner, W., pp. 289—301. Dordrecht: Reidel.

——. (1980). "A Note on Evolutionarily Stable Strategies in Asymmetrical Animal Conflicts." *Journal of Theoretical Biology* 84:93—101.

Selten, R., and Stocker, R. (1986). "End Behavior in Sequences of Finite Prisoner's Dilemma Supergames." *Journal of Economic Behavior and Organization* 7:47—70.

Sen, A. (1987). *On Ethics and Economics*. Oxford: Blackwell Publisher.

Sen, A., and Williams, B., eds. (1982). *Utilitarianism and Beyond*. New York: Cambridge University Press.

Shaw, R. (1958). "The Theoretical Genetics of the Sex Ratio." *Genetics* 43:149—163.

Sherman, P. W. (1977). "Nepotism and the Evolution of Alarm Calls." *Science* 197:1246—1253.

Skyrms, B. (1980). *Causal Necessity*. New Haven, Conn.: Yale University Press.

——. (1984). *Pragmatics and Empiricism*. New Haven, Conn.: Yale University Press.

——. (1990a). *The Dynamics of Rational Deliberation*. Cambridge, Mass.: Harvard University Press.

——. (1990b). "Ratifiability and the Logic of Decision." In *Midwest Studies in Philosophy XV: The Philosophy of the Human Sciences*, ed. French, P. A., et al., pp. 44—56. Notre Dame, Ind.: University of Notre Dame Press.

——. (1991). "Inductive Deliberation, Admissible Acts, and Perfect Equilibrium." In *Foundations of Decision Theory*, ed. Bacharach, M., and Hurley, S., pp. 220—241. Oxford: Blackwell Publisher.

——. (1992). "Chaos in Game Dynamics." *Journal of Logic, Language and Information* 1:111—130.

——. (1993). "Chaos and the Explanatory Significance of Equilibrium: Strange Attractors in Evolutionary Game Dynamics." In *PSA 1992*. Vol. 2. Philosophy of Science Association, pp. 374—394.

——. (1994a). "Darwin Meets 'The Logic of Decision': Correlation in Evolutionary Game Theory." *Philosophy of Science* 61:503—528.

——. (1994b). "Sex and Justice." *The Journal of Philosophy* 91:305—320.

Forthcoming. "Evolution of an Anomaly." In *Protosoziologie*. Vol. 8. *Rationalitat* Ⅱ.

Forthcoming. "Mutual Aid." In *Modeling Rationality, Morality and Evolution*, ed Danielson, P. New York: Oxford University Press.

Sober, E. (1992). "The Evolution of Altruism: Correlation, Cost and Benefit." *Biology and Philosophy* 7:177—187.

——. (1994.) "The Primacy of Truth-telling and the Evolution of Lying." In *From a Biological Point of View: Essays in Evolutionary Philosophy*, ch. 4. New York: Cambridge University Press.

Sober, E. and Wilson, D. S. (1994). "A Critical Review on the Units of Selection Problem." *Philosophy of Science* 61:534—555.

Stalnaker, R. (1981). "Letter to David Lewis." In *IFS*, ed. Harper, W., Stalnaker, R., and Pearce, G., pp. 151—152. Dordrecht: Reidel.

Stewart, I. and Golubitsky, M. (1992). *Fearful Symmetry: Is God a Geometer?* London: Penguin.

Stigler, S. (1986). *The History of Statistics: The Measurement of Uncertainty Before* 1900. Cambridge, Mass.: Harvard University Press.

Sugden, R. (1986). *The Economics of Rights, Cooperation and Welfare*. Oxford: Blackwell Publisher.

Taylor, P., and Jonker, L. (1978). "Evolutionarily Stable Strategies and Game Dynamics." *Mathematical Biosciences* 40:145—156.

Taylor, P., and Sauer, A. (1980). "The Selective Advantage of Sex-Ratio Homeostasis." *American Naturalist* 116:305—310.

Thaler, R. (1988). "Anomalies: The Ultimatum Game." *Journal of Economic Perspectives* 2:195—206.

Trivers, R. (1971). "The Evolution of Reciprocal Altruism." *Quarterly Review of Biology* 46:35—57.

Ullman-Margalit, E. (1977). *The Emergence of Norms*. Oxford: Oxford University Press(Clarendon Press).

Vallentyne, P. (1991). *Contractarianism and Rational Choice*. New York: Cambridge University Press.

van Damme, E. (1987). *Stability and Perfection of Nash Equilibria*. Berlin: Springer.

Vanderschraaf, P. (1994). "Inductive Learning, Knowledge Asymmetries and Convention." In *Theoretical Aspects of Reasoning About Knowledge: Procesdings of the Fifth Conference* (*TARK* 1994), ed. Fagin, R., pp. 284—304. Pacific Grove: Morgan Kaufmann.

——. (1995a). *A Study in Inductive Deliberation*. Ph. D. thesis, University of California, Irvine.

——. (1995b). "Endogenous Correlated Equilibria in Noncooperative Games." *Theory and Decision* 38:61—84.

——. (1995c). "Convention as Correlated Equilibrium." *Erkenntnis*. 42:65—87.

Vanderschraaf, P., and Skyrms, B. (1993). "Deliberational Correlated Equilibria." *Philosophical Topics* 21:191—227.

Verner, J. (1965). "Selection for Sex Ratio." *American Naturalist* 99:419—421.

von Frisch, K. (1967). *The Dance Language and Orientation of Bees*. Cambridge, Mass.: Belknap Press.

von Neumann, J., and Morgenstern, O. (1947). *Theory of Games and Economic Behavior*. Princeton, N. J.: Princeton University Press.

Waage, J. K. (1988). "Confusion over Residency and the Escalation of Damselfly Territorial Disputes." *Animal Behavior* 36:586—595.

Wärneryd, K. (1993). "Cheap Talk, Coordination and Evolutionary Stability." *Games and Economic Behavior* 5:532—546.

Williams, G. C. (1979). "The Question of Adaptive Sex Ratio in Outcrossed Vertebrates." *Proceedings of the Royal Society of London* B205:567—580.

Wilson, D. S. (1980). *The Natural Selection of Populations and Communities*. Menlo Park, Calif.: Benjamin/Cummings.

Wittgenstein, L. (1958). *Philosophical Investigations*. Trans. Anscombe, G. E. M. New York: Oxford University Press.

Wright, S. (1921). "Systems of Mating. Ⅲ. Assortative Mating Based on Somatic Resemblance." *Genetics* 6:144—161.

——. (1945). "Tempo and Mode in Evolution: A Critical Review." *Ecology* 26: 415—419.

Young, H. P. (1993a). "An Evolutionary Model of Bargaining." *Journal of Economic Theory* 59:145—168.

——. (1993b). "The Evolution of Conventions." *Econometrica* 61:57—94.

——. (1994). *Equity*. Princeton, N. J.: Princeton University Press.

Zeeman, E. C. (1980). "Population Dynamics from Game Theory." In *Global Theory of Dynamical Systems*. Lecture Notes in Mathematics 819, ed. Nitecki, Z., and Robinson. C., pp. 471—479. Berlin: Springer.

——. (1981). "Dynamics of the Evolution of Animal Conflict." *Journal of Theoretical Biology* 89:249—270.

术语对照表

alarm call　　警报

altruism　　利他主义

anomaly　　异常现象

approximately justice　　近似公正

Arbuthnot,J.　　J. 阿布斯诺特

Aristotle　　亚里士多德

Aumann,R. J.　　R. J. 奥曼

Axelrod, R.　　R. 艾克洛德

babbling equilibria　　咿呀均衡

bargaining　　讨价还价

basin of attraction　　引力场

Binmore,K.　　K. 宾默尔

Bolton,G.　　G. 鲍尔顿

Bomze,I.　　I. 鲍姆泽

bourgeois strategy　　布尔乔亚策略

Boyd,R.　　R. 鲍伊德

Braithwaite,R. B.　　R. B. 布雷斯维特

Burgess,J. W.　　J. W. 伯杰斯

categorical imperative　　绝对命令(无条件命令)

Cavalli-Sforza　　卡法里一斯佛扎

Charnov,E.　　E. 卡诺夫

Cheney, D. L.　D. L. 切尼

chicken　胆小鬼

Colinvaux, P.　P. 科林沃克斯

commitment　承诺

common knowledge　共有知识

cooperation　合作

correlated equilibrium　关联均衡

correlation　关联性

Crawford, V.　V. 克劳福德

cultural evolution　文化演化

curse of symmetry　对称的诅咒

Danielson, P.　P. 丹尼尔森

Dante　但丁

Darwin, C.　C. 达尔文

Davidson, D.　D. 戴维森

Davies, N. B.　N. B. 戴维斯

Dawkins, R.　R. 道金斯

deception　欺骗

doomsday machine　世界末日机器

dove　鸽

easy rider　搭便车者

Eells, E.　E. 埃尔斯

efficiency　效率

Eshel, I.　I. 艾希尔

evolutionary stable state　演化稳定状态

evolutionary stable strategy　演化稳定策略

Fagen, R. M.　R. M. 法根

fairman　公平人

Hume, D.　D. 休谟

Huxley, T. H.　T. H. 赫胥黎

Jeffrey, R.　R. 杰弗里

Jonker, L.　L. 蒋科尔

justice　公正

Kahn, H.　H. 卡恩

Kahneman, D.　D. 卡恩曼

Kalai, E.　E. 卡莱

Kandoli, M.　M. 康多利

Kavanaugh, M.　M. 卡瓦瑙

Kavka, G.　G. 卡夫卡

kin selection　亲缘选择

Kirchner, W.　W. 克西纳

Kitcher, P.　P. 凯希尔

Knetsch, J.　J. 克奈切

Koza, J.　J. 科赞

Kreps, D.　D. 克莱普斯

Kropotkin, P.　P. 克鲁鲍特金

Kummer, H.　H. 库莫尔

learning　学习

Lewis, D.　D. 刘易斯

Luce, R. D.　R. D. 鲁斯

Lumsden, C.　C. 鲁姆斯登

Mackey, M.　M. 麦凯

mad dog　疯狗

Mailath, G.　G. 梅里斯

Marx, K.　K. 马克思

Max　马克斯

Maynard Smith　梅纳德·斯密斯

McCabe,K.　K. 麦凯彼

McClennen,E.　E. 麦克莱耐恩

meaning　涵义(内涵)

Michod,R.　R. 米恰德

Milgrom,P.　P. 米尔格莱姆

Millikan,R.　R. 梅里坎

modular rationality　模块理性

Moritz　莫里茨

Muller,H.　H. 穆勒

mutation　突变

mutual aid　互助

Myerson,R. B.　R. B. 梅尔森

Nachbar,J.　J. 纳赫巴

Nagel,T.　T. 纳格尔

Nash,J.　J. 纳什

nash bargaining solution　纳什讨价还价解

nash equilibrium　纳什均衡

norms　规范

North,D.　D. 诺斯

Nozick,R.　R. 那瑞克

Nydegger,R. V.　R. V. 尼德加

Okuno-Fujiwara　奥野正宽

Owen　欧文

ownership behavior　所有权行为

Packer,C.　C. 派克

paradoxical strategy　令人费解的策略

Parker,G. R.　G. R. 帕克

Pollock, G. B.　G. B. 鲍洛克

polymorphic traps　多态陷阱

Poundstone, W.　W. 彭德斯通

Prasnikar, V.　V. 普拉斯尼卡

Price, G. R.　G. R. 普莱斯

prisoner's dilemma　囚徒困境

property　财产

Pusey, A. E.　A. E. 普赛

Quine, W. V. O.　W. V. O. 奎因

Raiffa, H.　H. 雷法

Ramsey, F. P.　F. P. 拉姆赛伊

randomness　随机性

Rawls, J.　J. 罗尔斯

reciprocal altruism　互利主义

recombination　重构

replicator dynamics　动态复制器

Rescher, N.　N. 雷谢尔

Richards, R.　R. 理查德斯

Richerson, P.　P. 理查森

Rob, R.　R. 罗伯

Roth, A.　A. 罗斯

Rousseau, J. -J.　J. -J. 卢梭

Russell, B.　B. 鲁塞尔

salience　显著性

Samuelson, L.　L. 萨缪尔森

Sanderson, M.　M. 桑德森

Sauer, A.　A. 绍尔

Savage, L. J.　L. J. 萨维奇

Savin, N.　　N. 赛文

Schachat, K.　　K. 夏恰特

Schelling, T.　　T. 谢林

Schmittberger, R.　　R. 施密特伯格

Schuster, P.　　P. 苏斯特

Schwartze, B.　　B. 施瓦兹

Searle, J.　　J. 瑟尔

Sefton, M.　　M. 赛富顿

Selten, R.　　R. 泽尔滕

sex ratio　　性别比例

Seyfarth, R. M.　　R. M. 赛法特

Shaked, A.　　A. 萨克德

Shaw, R.　　R. 肖

Sherman, P. W.　　P. W. 谢尔曼

Sigmund, K.　　K. 赛格蒙德

signaling system　　信号发送系统

Smordinski, M.　　M. 斯莫丁斯基

Sobel, J.　　J. 萨贝尔

Sober, E.　　E. 萨伯

Socrates　　苏格拉底

Stalnaker, R.　　R. 斯塔尔耐克

Stewart, I.　　I. 斯泰华特

Stigler, S.　　S. 斯蒂格勒

Strangelove　　奇爱

strongly dominated strategy　　强占优策略

subgame perfect equilibrium　　子博弈完美均衡

Sutton, J.　　J. 沙腾

symmetry　　对称性

symmetry-breaking　打破对称性

Taylor,P.　P. 泰勒

Thaler,R.　R. 泰勒尔

Thomas,E.　E. 托马斯

Tosca　托斯卡

Towne,W.　W. 托尼

trembling hand　颤抖的手

Trivers,R.　R. 特里夫斯

ultimatum game　最后通牒博弈

utilitarian bargaining solution　功利主义讨价还价博弈解

van Damme,E.　E. 凡・戴姆

Vanderschraaf,P.　P. 万德斯拉夫

veil of ignorance　无知之幕

Verner,J.　J. 佛纳

viscosity　粘度

von Frisch,K.　K. 冯・弗里希

Waage,J,K.　J. K. 维基

Wärneryd,K.　K. 万纳德

weakly dominated strategy　弱占优策略

Weingast,B.　B. 魏因格斯特

Williams,G. C.　G. C. 威廉姆斯

Wilson,D. S.　D. S. 威尔森

Wilson,E. O.　E. O. 威尔森

Wittgenstein,L.　L. 维特根斯坦

Wright,S.　S. 维特

Young,H. P.　H. P. 扬

Zamir,S.　S. 扎米尔

Zeeman,E. C.　E. C. 载曼